任火 著

中国气脉

复旦大学出版社

序　言

气脉，民族精神的飘带

在中国五千年历史的天空中,有一种东西,若隐若现、惚兮恍兮、飘忽不定、无影无形,像一个游魂,又像一团精气……

这就是气脉,中国气脉。

哲人说,一切文化最终都沉淀为人格。中华五千年文化塑造了中华民族有别于其他民族的人格范式及生命样本,这种人格范式及生命样本不仅彰显了中华民族优秀文化的特质与基因,而且在绵延不绝中,形成贯彻古今的民族精神气脉。

中国气脉,是一种处于中国精神顶端的人格范式和生命价值,就个体而言,它是孤立的、偶然的,但在个体之间,它又具有连贯性、延伸性、继承性,是一条看似飘忽不定、时断时续,却又清晰可辨、延绵不绝的精神飘带。

它是大美,它是大象,它是生命的咏叹调。它是文化精英的生命书写。

它形成的原因很"丑",但它形成的过程很美。

它是从入世到出世的过程,它是从平凡到非凡的嬗变。

它往往不属于青云直上的"成功者",而属于命途多舛的"失败者"。

它铭刻于千年记忆中,无论时空如何变化,只要你回望历史的长河,它就会浮现在你的面前,谁都无法把它从中国人的记忆中抹去。

我把中国气脉的起点定在屈原。

在污浊的社会里,怎样活着不重要,重要的是活着。但对屈原来说,这个逻辑却是倒过来的:活着不重要,重要的是怎样活着。

屈原不愿意在小人当道、谗诒遍地的社会里活下去,他的皓白之躯岂能蒙受尘世的污浊!屈原用一"死"为中国气脉定下了悲愤、华美的基调,让中国气脉有了一个强劲的源头。

孟子说:"我善养吾浩然之气。"这"浩然之气"的内核是"富贵不能淫,贫贱不能移,威武不能屈"。

在孟子的心中,民为贵,君为轻。孟子用浩然之气,把民托举到了社会的顶端。

在中国的精神时空中,这股浩然之气鼓荡千年,鹏举万里。

司马迁本来是可以过平安日子的,但只因他在"千夫诺诺"中,发出了"一士谔谔",为李陵说了几句公道话,触怒了汉武帝,就在屈辱的生和壮烈的死之间犹疑、徘徊了。

他可以拒绝宫刑,而遵从圣人"士可杀而不可辱"的古训选择死,便可以保留名节。但是,他没有那样做。为此,他被人讥笑、辱骂。他回肠百结,彻夜难眠。

在这痛苦的精神折磨中,他一字一句地写着《太史公书》。终于为后世留下了"生命的泰山"——《史记》。

司马迁的"活",为中国气脉注入了生命的张力。

中国历史上,"人物"很多,但"英雄"少有。英雄是正气在身、肩负天下安危、令人敬仰的人。魏晋就没有"英雄",只有争权夺利、尔虞我诈的枭雄、奸佞。这些人不仅扰乱了社会秩序,而且破坏了人的精神家园,让满腹经纶的士子找不到价值的坐标,迷失了前进的方向,陷入了"集体无意识"之中。在这样的时代,传统已无法统御社会,圣人之语已无法匡救人心,士子无路可走。而无路可走,对士子而言,是最痛苦的。

在这样的浊世中,阮籍东奔西撞,不停地走,又不停地折返,不知路在何方,禁不住大哭。大哭,是无奈,是绝望。而他在得了"仙人指路"后的那一声长啸,则是顿悟、是解脱。那一声长啸,使他成了"大人先生"。孟子的"大丈夫"是人,而阮籍的"大人先生"则是神。人是入世的,而神则是出世的。既然是出世的,那么阮籍的处世方式当然就与众不同了,他用"青白眼"面对魏晋。

中国气脉里有阮籍的一声长啸。

与阮籍同时代,亦是他好友的嵇康,觉得用"逍遥游"的方式面对魏晋还不够,他更进一步,用打铁来击打心灵,击打魏晋,打得身心通透,打得荡气回肠。

面对死亡,专注养生的嵇康放弃求生。他为何对生无所眷恋了呢?答案就在那曲《广陵散》。那是一曲天籁之音、生命之歌,只有具有神性的人,才能听得懂。既然《广陵散》可以把生命带入另一个更纯洁、更美好的世界,那么生命滞留在这个乱世中还有必要吗?

中国气脉里有嵇康的铁锤叮当,有《广陵散》的绝世之音。

与阮籍、嵇康稍有不同,陶渊明在官场里几进几出,他在很得意的时候,断然扔掉乌纱,"归去来兮",回到了属于他的田园。他为自己创造了一个人间仙境——"桃花源",尽享田园之乐。他之所以如此,是因为"吾不能为五斗米折腰,拳拳事乡里小人邪!"对他来说,最好的归宿就是那个置汉与魏晋于心外的"桃花源"。"桃花源"是对乱世的蔑视与鄙弃,而非逃避。在桃花源,陶渊明把生命放归自然,让生命化作自然,用自然的力量对抗世俗,在自然中活得恬淡、悠远、超然。

陶渊明的桃花源无人不晓,无人不喜,当人在俗世中被折磨得身心疲惫时,就会对桃花源心向往之。

中国气脉里有陶渊明的桃花源。

李白很幸运,得到了唐玄宗的赏识,当了翰林供奉,生活优渥,衣食无忧。更令人羡慕的是,唐玄宗每次和杨贵妃游玩时,总要李白陪同,请李白作诗助兴,赐李白礼物。这对多少人而言,是梦寐以求的。但,李白却不干了!他扔下一句"安能摧眉折腰事权贵,使我不得开心颜!"便走出帝王的宫阙,扬长而去。

好狂气!就是这狂气,让李白成为了"诗仙",而没有沦落为帝王的"御用诗人"。这狂气,让无数士子有了傲骨、风骨。

中国气脉里有李白的一股狂气。

韩愈的乌纱帽得来不易:四次考进士,两次上书宰相恳求推荐,四次考博学宏词科,一路坎坷,历尽艰辛。这顶乌纱帽,韩愈理应珍惜,但他却不"珍惜"。

面对举国上下的尊佛狂潮,满朝文武,随波逐流,千夫"诺诺"。只有韩愈,挺身而出,一士"谔谔"。也因这"谔谔"之声,他被贬潮州,云横秦岭,雪拥蓝关。没有反潮流的勇气,韩愈写不出《谏迎佛骨表》,也不会成为"文起八代之衰"的一代文宗。

中国气脉里有这一士"谔谔"。

气脉是容纳天地、吞吐乾坤的。若踡踡于狭窄逼仄的精神空间,耿耿于个人的得失成败,是不会为"气脉"所贯的。只有放开胸怀,拓宽视野,激扬精神,纵情山河,才会让气脉注入魂魄,让生命现出大格局、大气象。

中国历史上,多少人在官场蹭蹬中,因人生失意,而块垒填胸,一蹶不振。只有极少数人,在坎坷、困厄中,思接千载,视通万里,把个人得失的悲喜化作天下情怀,悲天悯人,神行高远。范仲淹就是这极少数人中的杰出代表,他因"宁鸣而死,不默而生",得罪权贵,被贬谪出京。在仕途的低谷,范仲淹的精神却升扬到"先天下之忧而忧,后天下之乐而乐"的万里高空。一句"忧乐天下",把中国士子带进了更广阔的精神境地。

中国气脉里有这忧乐天下的胸襟。

苏东坡才华超群,满腹经纶,却"一肚子的不合时宜",被小人以"愚弄朝廷,妄自尊大"的罪名,拖入"乌台诗案",关进大牢,贬谪半生。然而,贬谪的是官职,却贬谪不了苏东坡的才华、品质、本色和襟怀。

走到杭州,他建了"苏堤";走到颍州,他建了"苏堤";走到惠州,他又建了"苏堤";走到儋州,他开办学堂,也建了文化"苏堤",留下了"东坡路""东坡桥""东坡田""东坡井"以及"东坡帽"……不论走到哪里,苏东坡都是苏东坡。

黄州,江水汹涌,赤壁犹在。苏东坡伫立江边,吞吐乾坤之气,放声吟咏:"大江东去,浪淘尽,千古风流人物……"

中国气脉为之一振。

"圣人"是做人的最高标准,常人难以企及。而王阳明找到了通向圣人的门径:知行合一。知行合一,是圣贤与豪杰的握手,是思想与行动的拥抱。

圣人"三立"——立德、立功、立言,王阳明"达标"了。

但"事修而谤兴,德高而毁来",王阳明未能打破这一"定律",他遭小人谗诿,被泼得一身污水。对此,王阳明处之泰然,一笑置之。临终,弟子们问他有何遗言。王阳明轻声说道:"我心光明,亦复何言!"

中国气脉里有王阳明的圣人之气。

竹,宁折不弯,正直不屈;一柱擎天,遗世独立;载文传世,百年不朽。

郑板桥画画,以竹为胜;郑板桥做人,以竹为镜。郑板桥的竹,有气节,有格调,有傲骨,有灵魂。郑板桥一身竹气。

中国气脉里有此一"竹"。

科举取士,从隋朝开始至清朝终结,它是一种选拔人才的方式,是读书人的进身之阶,舍此,读书人别无出路。

吴敬梓走到科举的门槛前,向里张望——科举究竟是为了什么?科举要考生"代圣人立说",要考生做圣人,可圣人与功名利禄无关,而考生却是为功名利禄而来,这不是矛盾吗?吴敬梓停住了脚步,大笑一声,转身而去。

倾注20年心血,《儒林外史》横空出世,吴敬梓敲响了科举的第一声丧钟。

吴敬梓临终前,又是一阵大笑。

他的大笑,是对科举本质的洞悉,是对功名利禄的不屑,是对生命价值的醒悟。

中国气脉里有吴敬梓的大笑声。

鲁迅心向光明,目光却审视着黑暗。

鲁迅以盖世之气,踏倒"《三坟》《五典》,百宋千元,天球河图,金人玉佛,祖传丸散,秘制膏丸",掀翻了"吃人的筵席"。

鲁迅用思想的手术刀,切除了中国精神"病体"上的痈疽,其意在疏通中国气脉。

中国气脉需要不断疏通,方可接续。

中国气脉很长很长。作为中国人,应当懂得中国气脉,应当接近中国气脉,让中国气脉打通自己的生命。

中国气脉延绵千年,不应在我们这里中断。

目　录

序言 气脉,民族精神的飘带 / i

江水流芳 / 001
屈原用草绳在身上绑满石头,对着白云舒卷的高远天空,对着鲜花盛开的平原旷野,长长地呼了一口气,纵身跳入江中……

浩然之气 / 019
孟轲对那些"王"嗤之以鼻、不屑一顾。他要把学生教育成"大丈夫",而不是"王"。那些"王"在他的心里,没有位置。

重于泰山 / 033
《史记》,显现着司马迁重于泰山的生命。司马迁死了,不知死于何年,葬在何处。但《史记》不死,"史"气氤氲,飘忽千年。

纵情乱世 / 047
阮籍的"大人先生"与世俗社会的君子做了彻底的切割。在"大人先生"看来,那些"君子"都是乱世的制造者,是活在社会裤裆里的虱子。

一曲绝响 / 059

嵇康用铁锤吟哦。铁锤如笔,记录着他如潮的心绪,书写着炽热的诗行。

田园之乐 / 073

桃花源是陶渊明的"理想国"。从桃花源出来,陶渊明再也没有找到桃花源。这不要紧,陶渊明不是要躯壳在桃花源,而是要心在桃花源。

天地一诗仙 / 087

李白游历并不是为诗,他游的是"志"。李白腰间佩着剑,"仗剑去国,辞亲远游",他游的是豪气、剑气。

不平则鸣 / 105

人生而有罪,叫"原罪";人生而有毁,叫"原毁"。既是生而有之,便无须理会。韩愈掸掸身上的灰尘,正正衣冠,继续前行。

笑傲玄都观 / 121

山之得名,在仙;水之得名,在龙;屋之得名,在德。刘禹锡,就是山中之仙,水中之龙,屋中之德。

忧乐天下 / 135

范仲淹大刀阔斧地整顿吏治,革除弊政,开封府蔚然生变,市井有序,百官肃然,一派昌明景象。街市上流传一句话:"朝廷无忧有范君,京师无事有希文。"

心如顽石 / 149

谩骂之声不绝于耳,指责之声随处可闻,大臣们控告王安石变法是"变祖宗法度"。"四面楚歌"中,王安石心如顽石,铿锵以对。

千古风流人物 / 161

面对人们的冷眼,好友的规劝,苏轼摸着肚子,笑呵呵地说:"我是一肚子的不合时宜。"

一怀愁绪 / 179

洪波涌起,海天一色。千帆竞渡,浪高风急。纵不是男儿身,亦当作人杰啊!一个大浪把船儿高高托起,把李清照的心举向天空。

千年一悟 / 193

圣人之道,何须他求,全在己心!王阳明找到了走向圣人的门径。

无古无今是此竹 / 211

郑板桥的字,东倒西歪,犹如"乱石铺街";郑板桥的画,秀叶疏花,傲骨嶙峋。因郑板桥的字画,洛阳纸贵,已然是扬州的文化骄傲。扬州不以瘦西湖名,而以板桥名。

冷眼功名笑儒生 / 225

吴敬梓终日生活在贫穷之中,尝尽了贫穷的滋味,他懂得什么是贫穷。但是,他宁愿活在这种贫穷之中,而不愿享受那种富贵。

投湖一死不忍辱 / 241

王国维穿着他的长袍马褂,讲他的《古史新证》,破译他的甲骨文,校勘他的《水经注》。他牢守着自己的文化堡垒。

上医医心 / 257

鲁迅看着眼前的这堆发黄的破书,满纸都是"仁义道德",看到半夜,在字缝里忽然发现两个字:"吃人!"

江 水 流 芳

宁赴湘流,葬于江鱼之腹中。
安能以皓皓之白,而蒙世俗之尘埃乎!

——《渔父》

一

楚地,三峡,奇峰耸峙,滩险流急。云雾缭绕中,包裹着一种神秘。这里,一切都似真非真,如梦如幻。高山阻隔着一切,江水流向远方,山水化育着万物。

一个孩子诞生了。

他生在贵族之家,传承着贵族的血脉。春秋时期,楚武王封儿子熊瑕去屈邑为王,当地人称熊瑕为"屈瑕"。楚国王室父姓为熊,屈氏就是熊氏的一个分支。

这个孩子为屈瑕之后,取名屈原。

屈原对深山密林总充满好奇,喜欢去人迹罕至的地方。那些奇形怪状的乱石巉岩,那些不知从何而来的溪流,牵引着他的脚步。对他来说,山林中有书本以外的另一个天地,更广阔、更有趣。

有一天,他又向山中走去。走着走着,忽然看见一个山洞。洞口不大,掩映在树丛中。他踩着山石走,钻进洞里。嚯,洞里竟是如此风景！冰雕般的钟乳石悬挂在洞顶,石壁上涂满了各种神奇的壁画,一条小溪在洞中蜿蜒。洞的中央端坐着一个老人。老人长髯垂胸,白发蓬松,脸上的皱纹如同刀刻,目光深沉而又安详,宛如一尊雕塑。

一老一小,就这样在石洞里相遇了。

老人向屈原吹拂巫风,并向他吟诵《诗经》,指点山河,描画前程。老人在慢声细语中为孩子梳理着文化脉络,并以此雕刻着孩子的灵魂。

老人或许不知道,他对孩子的"启蒙",塑造了一个怎样伟大的生命,这让中国诞生了第一位伟大的诗人。

二

屈原喜欢橘树,礼赞橘树。

橘树是坚贞不移的,生在南国,就长在南国,至死不渝。而橘树也只有生在南国,才是橘树。如果离开南国,就会变质、变种、变色、变味,失去生命的意义。人也一样,要像橘树那样热爱生于斯长于斯的土地,无论艰难困苦、荣华富贵,都"不迁""难徙"。只有这样,才能保持人的本色与特质。和橘树一样,屈原立志不离开南国,不离开楚地。春秋战国时期,天下大乱。各国君王为了争夺天下,利用各种手段延揽人才。许多名士见利忘义、背信弃义,不停地择木而栖,淮南之橘多变为淮北之枳,楚材晋用、朝秦暮楚成为常态。对此,屈原是鄙夷的。从橘树的"不迁""难徙",自然生发出爱国主义的一条基本原则:扎根在自己脚下的土地。

橘树之所以气韵芬芳、潇洒大度,是因为它从小就有远大的志向,与众不同。它独立于世,不随波逐流,不趋炎附势,始终按照自己的意志生长。橘树有着高洁的品格,无欲无求、坚守自持。它是独立的,傲然挺拔、超然物外,不俯仰随俗,在污浊中保持着清丽的本色。橘树因此而为橘树,人又何尝不是如此呢?屈原把自己的人格理想嵌入橘树。

橘树之美,是品格之美。树干笔直,纹理清晰。即使是幼小的橘树,也可以作为人的师长。屈原凝望着橘树,他愿与橘树结为永远的朋友。橘树的品性如同伯夷,伯夷是清正廉明、仁义守信的典范。屈原将橘树比作伯夷,何尝不是自比伯夷。

屈原,是南国的一棵橘树。

三

屈原志不在文学。

春秋战国时期,诸侯争霸,战乱频仍,民不聊生。救民于水火,治国平天下是"当务之急"。在这样的时代,有志之士需要政治,需要权力。政治是社会精英的舞台,权力是他们施展抱负的工具。

作为贵族的后裔,屈原当然要走从政之路。

屈原是有军事才能的。公元前321年,秦军入侵屈原的故乡乐平里。当时年仅十八九岁的屈原临危不惧,组织村里的青年,占据制高点,采取夜袭、伏击等战术,激战数日,将秦军击溃,赶出乐平里。在战斗中,屈原奋勇杀敌,血染缁衣。实战让屈原感受到了武器的威力。乐平里之战,让屈原迈出了从政的脚步。

屈原走进了楚国的国都郢都,走进了士子聚集的兰台。屈原以其超凡的才华迅速得到楚怀王的赏识,被任命为左徒。他在朝堂上和楚怀王商议国事,辅佐楚怀王发号施令;对外则代表楚怀王接待来宾,应酬各路诸侯,深得楚怀王的信任。

屈原为国家殚精竭虑,小人却在暗中窥视着他。上官大夫靳尚对屈原的才华嫉妒在心,视屈原为自己仕途上的绊脚石。上官大夫的官阶与左徒相当,但屈原的才华已经使楚怀王心中的天平渐向屈原倾斜了,如此下去,屈原就可能要位居靳尚之上!怎么办?用比屈原更为出色的才华和能力来战胜屈原?那是不可能的,屈原学识渊博、娴于辞令、善治国家,是世之奇才,非一般人可比。面对屈原,靳尚毫无办法。他只能用诬陷来"扳倒"屈原了。对他来说,这也是"迫不得已"之举。这种办法,不需要才华,不需要能力,只需要无耻。

靳尚的机会来了。

屈原精于内政外交,是济世之才。楚怀王让屈原制定一份法令。屈原冥思苦索,废寝忘食,终于写成了草稿。正在修改时,靳尚上来就要把初稿抢走。屈原不给,说:"我还没有写好,你怎么可以拿走呢?"靳尚大叫:"这是你写的吗?这是我们大家按照大王的意旨写的,怎么就成了你自己的了?你这是贪功,是目无大王!""你!你!你!"屈原气得说不出话来。靳尚一把抢过屈原手中的草稿,拿去向楚怀王告状:"大王,国家每颁布一项法令,屈原就说是他写的,没有他,谁也写不出来。照他这么说,我楚国岂不是无人了?"楚怀王一听很生气,一拍桌子:"真是狂徒,我不用他,看他如何!"从此便疏远了屈原。

战国末期,秦、楚、齐、燕、韩、魏、赵,七国中,秦国、齐国、楚国,形成了三足鼎立的格局。秦国最强,齐国最富,楚国最大。很显然,大、富,是抵不过强的。楚国只有联合齐国,才能抗击秦国,这叫"合纵",是苏秦提出的。齐国和秦国联合起来,吞并楚国,这叫"连横",是张仪提出的。而齐国和秦国联合,无异于与虎谋皮,最终结果也只能是齐国被秦国所灭,当齐国失去楚国时,是无法战胜秦国的虎狼之师的。而屈原的外交战略就是联齐抗秦,只有联齐抗秦,才能保证楚国平安。

但可惜,屈原被罢了官,远离政治舞台,失去了话语权。

秦国要攻打齐国,而齐国与楚国联盟。秦国必须拆散齐楚联盟,才能战胜齐国。因此,秦国派张仪去楚国。张仪假装背离秦国要效忠楚国,他对楚怀王说:"楚国若能与齐国断交,秦国愿意把商、於的600里土地送给楚国。"楚怀王一听,大喜,便与齐国绝交,然后派使者到秦国索要那600里土地。没想到,张仪抵赖说:"我和楚王约定的是6里,不是600里。"楚怀王大怒,兴师讨伐秦国,结果在丹阳、淅川一带被秦国斩杀8万余楚军,大败而归,丧失了楚国的汉中地区。楚怀王不甘心失败,征调举国之兵,在蓝田与秦国交战。而此时齐国因怨恨楚国而不肯出兵相援,魏国又趁火打劫,偷袭楚国。楚国无奈,只好草草收兵,从此陷入困境。

国难思良臣。在危难之际,楚怀王再次启用屈原,让他出使齐国,试图与齐国再次联盟。

就在屈原出使齐国之际,秦国派人来与楚国讲和,愿意把汉中地区划给楚国。楚怀王说:"我不要土地,我只要张仪的人头!"张仪听说后,对秦惠王笑道:"我一个张仪就可抵得上汉中土地,我愿前往!"秦惠王担心道:"你不怕楚怀王杀你?"张仪说:"臣自有办法。"张仪来到楚国后,向权臣靳尚送了厚礼,让他在楚怀王的宠姬郑袖面前说了一番骗人的鬼话。怀王果然听信了郑袖,把张仪放了。屈原赶回楚国后,听说楚怀王把张仪放跑了,知道楚怀王又一次铸成大错。屈原深知张仪是楚国的大患,张仪不除,楚国必亡。屈原疾步来到楚怀王跟前,大呼:"为什么不杀张仪?那可是楚国的祸害啊!今日不杀张仪,日后楚国必有大难!"楚怀王这才恍然大悟,派兵去追,张仪自然早已回到了秦国。屈原只能仰天长叹:"大王啊,你好糊涂!"

秦昭王以与楚国通婚为名,要和楚怀王在秦国会面。楚怀王感觉国力不振,也想和秦国修好,于是打算动身前往。屈原拦阻道:"大王,秦国乃虎狼之人,岂可轻信!此去必是凶多吉少。去不得啊!"怀王的小儿子子兰素来与屈原不和,劝怀王道:"大王,这是和秦国修好的好机会,为什么不去呢?不要听屈原的,应该去!"屈原大呼:"大王,秦国去不得啊!"楚怀王不耐烦了,一挥手,把屈原赶了出去。

屈原再次被放逐。

楚怀王带着车队动身了。

屈原在流放的路上,正好碰到楚怀王的车队。屈原站在路中央,摊开双臂,大声呼喊:"大王,你不能去啊!你要好好想想,秦国是什么人啊,秦国是虎狼之人,他天天都想灭掉咱们楚国啊。你这一去,必定成为秦国的人质,不仅王位不保,楚国也要灭亡啊!"

楚怀王根本听不进去,喝令把屈原赶走。

楚怀王的车队从屈原的身边呼啸而过。

屈原望着远去的车队,看到了正在被秦国吞没的楚国。

楚怀王的车队刚进入武关,便被秦国的伏兵切断了退路,楚怀王成了瓮中之鳖。

秦王逼楚怀王割让土地换取自由。楚怀王后悔不听屈原的劝告,坚决拒绝秦国的要求。

软禁中的楚怀王从秦国逃了出来,跑到赵国,请求援助。没想到赵国怕惹怒秦国,拒不收留。无奈中楚怀王只得又回到秦国,并最终死在秦国。楚国用棺柩把他运回了楚国。楚怀王活着出去,死着回来。

怀王的长子顷襄王继位。当初子兰劝怀王去秦国,致使楚王屈死他乡,国人对子兰大发抱怨。子兰本应受到处罚才对,然而顷襄王任人唯亲,不但没有处罚子兰,反而让他做了令尹。令尹即宰相,集文武大权于一身。

屈原深知子兰无德无能,若其担当大任楚国必毁于子兰。他劝说顷襄王不要重用子兰,要重用贤能之人,如此方能救楚国于危难。屈原追求的是"美政"。

屈原以商汤、夏禹、文王为镜,深得为政之道的精髓,就是要选贤任能,张扬德行,如此才能有效地治理国家。而世袭制是以任"血缘"代替任"贤能"的制度,是荒谬的,完全不可取的,这也是有"前车之鉴"的。楚悼王时,吴起就曾"变法",史称"吴起变法"。吴起是战国时期的名将,战功卓著,政绩斐然。楚悼王深爱其才,任命吴起为令尹。吴起变法的"顶层设计"是:制定法律,公诸于众,把国家用法律框起来;对已传三代的封君贵族,取消其爵禄;裁减官员数额,削减官员俸禄,将节省下来的钱用于强军。吴起变法深得民心,却不得贵族之心。在楚悼王去世之时,贵族们乱箭射杀吴起,吴起倒在了楚悼王的尸身上。此后,任凭世风日下,无人再敢变法。吴起变法的教训,屈原当然知道。但是,屈原更知道,不变法,楚国只有死路一条。屈原的变法就是要打破世袭制,"举贤才而授能"。这就要晃动官僚体制的结构,触犯贵族统治集团的利益。于是,子兰纠集靳尚等一群小人,他们在顷襄王面前大肆造谣诬陷屈原。屈原被撕咬得遍体鳞伤,一身污浊。顷襄王手一挥,把屈原逐出宫廷,放逐他乡。

穿好芒鞋,走出城门,屈原转身最后望了一眼郢都,拄着柱杖向远方走去。

四

走出郢都,屈原一路顺江而下。屈原是放逐,百姓是流浪。一路上尽是流离失所的楚国百姓。

看着眼前逃难的百姓,屈原一腔悲愤:"百姓何以遭难?不就是因为楚王反复无常吗？我何以遭到放逐呢？不也是因为楚王反复无常吗？如果楚王能够清醒一点，百姓能流离失所吗？我能有如此遭际吗？"

屈原脚步向前，目光却向后。郢都渐渐离他远去，政治渐渐也离他远去。但是，郢都的人和事并未离他远去，小人的谗言犹在耳边，小人的嘴脸犹在眼前。如果没有他们，郢都不会远去，政治不会远去。对屈原来说，什么时候才能重返郢都啊？没希望了。只要那伙小人在，自己就回不去了。郢都是小人的乐园。

也罢，不去想它了。何必让那伙小人折磨自己呢，把心放到别处吧。

屈原看到了河伯与洛水。

传说，河伯与洛水女神曾经相恋。在屈原的想象中，河伯与女神乘着龙车在黄河上漂游，大风掀动波浪，龙车用荷叶做盖顶，龙螭作为龙套套在两边。他们登上昆仑极目远望，心胸无比宽广。天色已晚还要归去，为此心中暗自惆怅。用鱼鳞盖起的屋子，屋顶上画着蛟龙；用紫贝砌筑的城墙，宫室涂满了红色。河伯，你为何住在这水中？女神乘着白鼋鲤鱼跟随在河伯身旁，与他一起游弋在大河之上，浩浩河水向东流淌。哦，两人就要离别了。你握手道别要奔向东方，我送你送到这河旁。波浪滔滔迎接河伯，鱼儿排排为女神护航。

屈原写下了《九歌·河伯》。

绚丽的文字，超凡的想象。人间所有的事都可以是肮脏的，但爱情永远是纯洁的。屈原的心里只有纯洁。

《诗经》中的爱情叙事是质朴无华的,而《九歌》中的爱情叙事则是色彩斑斓、艳丽卓然的。屈原为中国塑造了独特的、具有神性的"美人"形象。《诗经》中的"美人"在田间地头,屈原的"美人"在云中雾里。屈原看够了世上的污浊,他的"美人"在尘世之外,而不在尘世之中。《诗经》的"美人"是俗人,屈原的"美人"是女神。屈原站在《诗经》之上,把"美人"的高度提升到一个难以超越的审美境界。屈原的"美人",不仅有湘夫人,而且有云中君、湘君、东君,超越了性别,是人之美,而非性之美。屈原的心里只有美。

除了美人,还有香草。

屈原的笔下,百草繁茂,绿叶如茵,花香扑鼻。江离、芷、秋兰、宿莽、申椒、菌桂、蕙、茝、荃……两三百种花草,绽放在他漫长的放逐之路上,也植入了屈原的心里。屈原判定,长得美的花一定是善的,长得丑的花一定是恶的。屈原不喜欢兰草,因为它抛弃美质追随世俗;屈原不喜欢花椒,因为它专横傲慢又谄媚;屈原不喜欢茱萸,因为它想钻进香袋冒充香草。在屈原看来,这些草精于钻营,是不会散发芳香的,只有江离、芷草、秋兰始终不变,保持本色,能够吐出芬芳,这样的草才是香草。这些花草使人联想到人。那些寡廉鲜耻、诬陷君子的小人,身上只会散发恶臭,散发"邪气"。只有光明磊落、冰清玉洁的君子,才会吐露芳香,散发"正气"。"香草"是屈原对草的人格化,屈原赋予"香草"人格意义,使"香草"成为人格化的审美对象。

屈原的心里装满了香草。

五

屈原是被谗言所害的。这谗言究竟是什么,我们无从知晓,也想象不出来。我们能够想象的是,屈原所遭受的谗言一定是极其肮脏、极其恶毒、极其卑劣、极其下作的。否则,屈原不会将被谗言所激起的愤懑、愤怒倾倒在词赋之中,他笔下即便是香草、美人,也都散发着积郁、愤懑的意绪。

屈原之所以被谗言,不仅是因为他过人的才华,还因为他的美貌。他的美貌让女人都嫉妒!

男人嫉妒他的才华,女人嫉妒他的美貌,哪里还能容得下屈原呢?

屈原只能出走,走向远离尘世的地方。

看看屈原的造型吧:他穿着用荷叶制成的上衣,用芙蓉制作的下裳,头戴高高的帽子,把江离、芷草披在身上,把秋兰结成索佩挂在衣服上,一把宝剑斜挂在他的肩上,他身上散发着草香。

这是屈原对自己的形象设计,超凡脱俗。你不是嫉妒我美吗?我就美给你看。你不是说我恃才傲物吗?我就向你展示我的特立独行。这显然又招来世俗的谩骂,但是屈原"虽九死其尤未悔",且以这样的香草美人形象行走于世。

六

屈原一路放逐,一路忧愤:《九章·惜诵》《九章·抽思》《九章·怀沙》《远游》……所有的文字都浸透着抑郁、忧伤、悲愤、惆怅。这些文字诉说着屈原在遭受怎样的冤屈和磨难。它告诉人们,屈原深陷其中的是怎样一个污浊的社会。

屈原志不在诗文,但是他没有想到的是,自己开始趟着政治的污泥浊水写诗了,而且,一写就写得悲天跄地。能写出如此悲怆的诗文,一定是有大缘由、大背景的。

春秋战国是"礼崩乐坏"的时代,是血腥、混沌、肮脏的时代。在这样的时代,人性中最丑陋的东西得以最大化地显现。贪婪、自私、无耻、狡诈、凶残、虚伪、阴险,已经是社会的常态。而在这其中,谗诣是尤为突出的。谗诣的对象往往是刚正不阿、才华横溢的人,其手段是颠倒黑白、造谣中伤、暗箭伤人,其目的是把人整垮、踢开。在谗诣面前,君子往往招架不住,被泼得浑身污浊,含冤而去。

屈原就是被谗诣所害后遭放逐的。

在放逐的路上,他一路走一路想。他不明白,为什么楚怀王会听信谗言,为什么人们会利欲熏心,会不择手段地往上爬,为什么人们要相互猜忌,为什么人们嫉贤妒能,为什么美德不彰而恶行却大行其道,为什么世间污浊横流,而廉明却无法容身。

没有答案。

人间的问题没有答案,屈原就去问天。天为尊,不可问,那就叫《天问》,实际上还是在问天。

问天地从哪里产生?问明暗不分是什么原因?问阴阳相合为宇宙,哪是本体哪是衍生?问天有九重,是怎么度量出来的?

问天地在哪里交汇？问黄道为什么十二等分？问月亮有何德行，为什么会死而复生？问神女没有结婚，为何生下九子？问东方角宿没有放光，太阳又藏在什么地方？问九州大地如何安置，河流山谷如何疏浚？问巨鳌背负神山，神山如何稳定不晃？问哪里的岩石会成为树林，什么野兽会说人话？问不死之国哪里寻找，长寿之人有何神术……

屈原问天，并不是想探索天体的奥秘，做一名天体物理学家，而是想从人世的烦扰中挣脱出来，让自己得以超脱，从而卸掉沉重的精神包袱。但是，他做不到。问着问着，他就又回到了人间，把问天变成了问人。

问夏桀出兵讨伐蒙山，他得到了什么？问商汤怎样将桀诛杀？问舜在家里非常仁孝，但其父为什么让其终身不娶？问纣王建造十层玉台，谁让他这么干的？问舜帝对弟弟那么友爱，为何弟弟还要加害于他？问桀在鸣条受罚，为何百姓欢呼雀跃？问成汤巡幸东方，到达有莘氏的地盘，为何求得小臣伊尹，还能再得妃子贤淑？问汤从囚禁地出来，究竟他有何罪？忍辱负重起而伐纣，是谁挑起的这场是非？比干有何悖逆之处，为何对他贬抑打击？雷开惯于阿谀奉承，为何给他赏赐封地？我曾告诉贤者堵敖，楚国衰而不能长久。为何自赞告诫君主，忠义之名却更显扬？

屈原问天的结果，还是回到了楚国，回到了脚下的土地。

屈原深深地爱着楚国。楚国有他深爱的人民，他牵挂着他们，悲悯着他们。"长太息以掩涕兮，哀民生之多艰。"（《离骚》）

楚国是他的生命之根,是他的精神归宿。他一步三回头地望着郢都,感叹着郢都正一天天地走向衰落。"惟郢路之辽远兮,魂一夕而九逝。"(《九章·抽思》)自己离郢都越来越远,而心却离楚国越来越近。

魂兮归来!(《招魂》)

灵魂啊,归来吧!
归向哪里呢?
东西南北,哪里都不可归。只能归郢都,归故乡,那里才是屈原灵魂的归宿。
可是,郢都,故乡又是如何境况呢?
屈原转过头,回望郢都。

七

郢都还是那个郢都。依然是靳尚、子兰们的巢穴,依然是谗谄之辈的乐土。到处都是踩着别人往上爬的人,到处都是勾心斗角互相嫉妒的人,到处都是流言蜚语,到处都是卑劣龌龊。这里,人们都以谗谄作为生存的手段。怎样活着,是不重要的,重要的是活着。小人为人们制定着行为准则,小人成为人们生活的样板。这里,没有芬芳,只有污臭;没有正直,只有扭曲;没有美丽,只有丑陋;没有善良,只有邪恶。同流合污、随波逐流,是生存之道;刚正不阿、持守高洁,必死无疑。

怎么办？就这样活下去吗？那品德高尚、不同流俗的人在哪里？那志同道合、可为知己的人在哪里？那能够不嫉妒自己、不诬陷自己的人在哪里？有谁能听得懂我的《九歌》？有谁能理解我的《橘颂》？没有啊！在郢都，在故乡，我孑然一身。

也罢，既然国人都不理解我，我何必怀恋它！既然没有美政，那我就追随彭咸，与彭咸在一起！

彭咸是传说中的殷商大夫，性格耿直，才华出众，他因为劝谏君王，君王不听，便投水而死。屈原在放逐中，彭咸时不时地就浮现在他的脑海里。

屈原对彭咸心向往之。他在放逐的路上，一步一步地走近彭咸。

终于，公元前278年，屈原走到了汨罗江边，满身污垢，一脸憔悴。

屈原向远方望去。漫山遍野的鲜花覆盖着大地，那一片片白色的花，多么纯洁；那一片片红色的花，多么奔放；那一片片蓝色的花，多么年轻；那一片片黄色的花，多么快乐；那一片片紫色的花，多么高贵。哦，这里面就有自己喜欢的江离、芷草、秋兰吧？一定有的。这不，空气中飘来的不就是它们的芬芳吗？啊，要是能变成一束花该多好啊！就长在这土地里，静静地绽放，静静地吐露芳香。多好的江河大地啊！为什么偏偏要生出那些卑鄙龌龊的小人呢？要是没有那些小人，人世间该有多好啊！小人就像蛆虫、蟑螂一样，趴在大地上，散发着恶臭。可惜啊，这么好的江河大地，都让小人糟蹋了！

江水静静地流淌,江面上泛着片片波光。

屈原望着江水,水面上浮出一个身影:披头散发,眼窝凹陷,一张黑黢黢的脸,长长的胡须像一把杂草,浑身脏兮兮的。啊,这不是自己吗?啊,这还是自己吗?怎么成了这个样子?是被那些小人的脏水泼成这个样子的啊!要是没有那些小人,自己怎么会脏成这个样子?只要活在世上,就躲不开那些小人,就会被小人弄脏。怎么办?只有死去,才能彻底离开他们,才能让自己干干净净、清清白白。

想到死,屈原的心颤栗了。死了,就再也看不到这漫山遍野的鲜花了,就再也看不到那挺拔的橘树了,就再也看不到那云雾缭绕、浩淼湍急的三峡了。人死是不能复生的,还是活着吧,活着,就能继续观赏人间美景,就能继续品尝人间美味。人间……人间……想到人间,子兰靳尚,所有的小人又都扑了过来。他们端着一盆盆散发着恶臭的脏水,向他泼来,顿时,自己浑身污浊,变得跟他们一样了。活着,就要跟他们混在一起,就要清浊不分了。我的皓白之躯,岂能蒙受他们的污浊!只有死,只有死了……

一个渔父认出了他,说:"你不是三闾大夫吗?怎么成了这个样子?"

屈原说:"世上的人都是混浊的,只有我是清澈的;世上的人都醉晕了,只有我是清醒的。因此我被放逐了!"

渔父说:"圣人是因时而变的。世上的人都肮脏,那你为何不在这浊流中扬波激浪?世上的人都醉得不醒,你为何不也痛饮一场,让自己享受一下?何必如此清高,让自己落得个放逐的下场?"

屈原说:"我宁赴湘流,葬于江鱼之腹中,也不愿意让这肮脏玷污我的躯体!"

渔父摇头,长叹道:"沧浪之水清又清,可以洗我的帽缨;沧浪之水浊又浊,可以洗我的脚。"说罢,远去。

屈原用草绳在身上绑满石头,对着白云舒卷的高远天空,对着鲜花盛开的平原旷野,长长地呼了一口气,纵身跳入江中……

屈原的这口气,随着江流向远方飘去,千年不散。

浩然之气

我善养吾浩然之气。

——《孟子·公孙丑上》

一

公元前371年,邹国,孟家媳妇仉氏怀胎十月,一个小生命就要诞生了。不待孩子出生,仉氏就开始对腹中的孩子进行"胎教"。怎么教育?仉氏向周成王的母亲学习。成王母在怀孕期间,站立的时候,身子挺直;坐着的时候,毫不歪斜;生气的时候,不发怨气、怒气,不出恶言;见有人吵架骂人,就远远避开,耳不闻恶声。仉氏比姬母更进一步,坐席摆得不端正不坐,肉割得不方正不吃,每天哼吟《诗经》,让腹中的孩子沉浸在优雅的文气之中。仉氏把这种对胎儿的教育称为她眼中的"胎教"。

孩子诞生了,起名为轲。

在孟母的拉扯下,小孟轲一天天长大了,有了自己的小伙伴,也开始和小伙伴们打闹嬉戏。

一天,孟母出门,回家的路上,看到一队发丧的人,身披孝服,抬着棺材,大声嚎哭。孟家离坟场不远,经常可以看到这样的情景,仉氏对此已经习以为常,并没有什么反应。但是,她忽然发现,一群孩子竟然模仿着发丧的队伍,跟着磕头,跟着嚎哭,样子怪怪的。而这群孩子里,竟然有自己的孩子孟轲!她的心"咯噔"一下,若是长此下去,孟轲会成个什么样子?决不能这样下去!必须搬家,离开这个地方。搬家谈何容易?几经周折,孟母终于把家搬到了十里之外的一个村子,让孟轲再也见不到坟场,再也不会跟在发丧的队伍后面学着嚎叫了。

新的村子地处交通要道,是交易市场,每逢单日,四面八方的人们便来赶集。集市非常热闹,卖菜的,卖粮的,卖牛羊的,还有杀猪卖肉的。集市是斤斤计较、讨价还价的地方,相互争吵是免不了的,甚至可能是常态。孟母发现孟轲在这里又跟着一群孩子,跟着大人们一起,学着要价、砍价。孟母心里不安起来,这样下去,孩子的身上岂不要沾上了市侩气息,成了唯利是图的市侩之人?不行,还得搬家,让孩子远离市侩之气。于是,孟母再次搬家,搬到了远离集市的学宫附近。

学宫附近的新家,虽房子破旧,四周冷清,但孟母安心了,因为这里再也看不到集市的喧嚣了。每天,孟母看到的是彬彬有礼的人们,听到的是琅琅书声。让她高兴的是,孩子和一群小伙伴跟在学子们身后,学着他们的言行举止,俨然一副小儒生的样子。她心里感叹:"这真是染于苍则苍,染于黄则黄啊!"

孟母没有让孩子输在"起跑线上",她把孩子带到了有望取胜的起点。

二

孟轲走进学堂,聆听"子曰"。

子曰:人生在世,要做一名君子。

子曰:君子要仁。

子曰:君子要懂礼。

子曰:君子要中庸。

子曰:君子要孝顺。

子曰:君子要和而不同。

子曰:君子要重义不重利。

子曰:君子要安贫乐道。

子曰:君子要……

"子曰"深深植入了孟轲的大脑,成为他立身的良训。

春秋以降,在中国的大地上冒出了一大堆"王":秦王、齐王、楚王、燕王、韩王、魏王、赵王……这些王,各个野心勃勃、贪得无厌,只嫌自己"王"得不够大、做得不过瘾,不但要在自己的领地上称王,还要"王"天下,让率土之滨成为己有,普天之下皆为吾臣。他们为此而四处杀伐征战,攻城略地。今天你灭了我,明天他灭了你,中国大地四野凋敝,血流成河。吴越征战,吴先灭了越,而后越又灭了吴;晋国先是赵、韩、魏、智、范、中行氏六卿治国,接着就是互相倾轧,赵灭了范、中行氏,又联合韩、魏,灭了智,三家瓜分了晋;魏国攻打赵国,齐国便围困魏国,"围魏救赵",魏国死伤10万;燕国率几国联军攻打齐国,齐国死守即墨,鏖战五年，死伤无数，把燕国赶出了齐国；秦国在长平全歼赵军，杀害几十万俘虏，血流漂杵……

君王为一己之私，百姓却不知为何而战，只顾流血拼杀，陷入群体"无意识"状态。中华大地，似乎是一个大丛林，里面的人都成了弱肉强食的野兽。

"春秋无义战！"孟轲叹一声，摇摇头。

怎么办？

必须对这些"王"进行教育，把他们教育好了，才不会再有你争我夺、流血杀戮。

孟轲决定周游列国，用"子曰"教育那些王侯，让他们做仁、和之人。他们仁、和了，百姓也就仁、和了，天下不就太平了吗？

200年前，孔子四处奔波，就是要教化人心，和谐社会。

"子曰"不应该只在书生口中喃喃，更应该在王侯的殿堂回响。

孟轲收拾起行囊，上路了。

三

孟轲来到魏国。

梁惠王问："你不辞辛苦，千里而来，有什么办法让我得利吗？"

孟轲说："何必讲利，只要仁义就够了。"

梁惠王说："魏国本来强大无比，为什么到了我的手里，在东面被齐国打败，在西面被秦国掠去土地，在南面又被楚国欺凌。

我要报仇雪耻,你说该怎么办呢?"

孟轲说:"你只需对人民施行仁政,废除严刑峻法,减免苛捐杂税,督促农民深耕土地,种好庄稼,过好日子,就行了。人民生活幸福,外敌入侵,他们就会同仇敌忾,即便拿着木棒,也能战胜敌人。仁者无敌!"

梁惠王一脸迷茫,觉得孟轲说的"文不对题"。我要的是利,不是什么仁。仁,怎么会和利连在一起呢?仁,怎么能打败敌人呢?我需要仁吗?仁有何用呢?

孟轲看着梁惠王,很是不解,我讲的道理多简单啊,他怎么就听不懂呢?

二人四目相对,话不投机,越说越少。

孟轲来到齐国。

齐宣王问:"周文王的园子方圆 70 里,百姓仍然嫌小;而我的园子只有 40 里,百姓却嫌太大。这是怎么回事?"

孟轲说:"周文王的园子,割草的、打柴的、打野鸡的、打兔子的人,都可以随意进出,那园子就跟百姓自己的一样,百姓当然不觉得大,反而觉得小。你的园子,不许百姓进出,只供你一个人享用,百姓当然嫌大!"

齐宣王问:"我怎么才能让邻国服从我呢?"

孟轲说:"你要行王道,不要行霸道。霸道是倚强凌弱,王道是以德服人。以力服人,人心是不会服的,是长久不了的;以德服人,人心就会服你,就会长久。齐国的土地足够大了,人口也足够多了,不要再扩张了。你只要和人民同忧同乐,让人民把你的忧乐当成自己的忧乐,邻国就会服你,就会天下归心。这样,你不用去占领,邻国的土地就是你的土地,邻国的百姓就是你的百姓。"

齐宣王皱起了眉头,觉得孟轲"答非所问"。我要的是天下,天下所有的土地都是我的土地,天下所有的臣民都是我的臣民,你却不让我扩张,说什么王道,说什么以德服人,这不是捆住了我的手脚吗?如此,我怎么成就霸业?

孟轲看着齐宣王,知道自己的话无异于"对牛弹琴"。他感到困惑,作为一国之君,把自己的国家治理好,让百姓过上好日子不就行了,为什么非要争霸天下呢?一个只想争霸天下的人,是不会把百姓放在心上的。他看透了眼前的这个"王"。

二人所想,南辕北辙,不欢而散。

孟轲来到宋国。

正在宋国的滕国太子(即后来的滕文公)前来求教:"怎样才能治理好国家呢?"

孟轲说:"一定要让百姓安心生产。百姓怎么才能安心生产呢?只有让百姓有属于自己的土地,百姓才能安心生产。这叫'有恒产者有恒心,无恒产者无恒心'。滕国虽然国土狭小,人口不多,但是既有官吏,也有百姓。没有官吏,不能治理百姓;没有百姓,谁来养活官吏。你们要把土地分给百姓,有公田也有私田,把公田的活干完了,就去私田干活。这样,国家就会治理好了……"

滕文公不等他说完,就起身要走了。在他看来,孟轲的话无异于"痴人呓语"。治理国家,难道就是为了把土地分给百姓? 打天下,是为了坐拥天下,天下的土地都是我的,怎么能分给百姓呢? 只能我有恒产,百姓怎么能有恒产呢? 把土地分给百姓,我当这个王还有什么意思呢?

看着滕文公不耐烦的样子,孟轲懂了"溥天之下,莫非王土;率土之滨,莫非王臣"的含义。据天下为己有,让天下人都为自己所役使,是这些"王"的精神动力,也是他们的终极目标。他们乐此不疲,如此而已,岂有他哉。

还继续周游列国吗? 不必了。天下的王都是一样的,何必白费功夫呢? 还是回去吧,回去教书,教出几个好弟子来,让他们去济世吧。

孟轲带着身边的几个弟子往回走。

一路走着,他屈指算来,周游列国已经十几年了。腿脚不像原来那么灵便了,走得有些吃力,走不多远,就要停下来歇息一阵。眼前,黄尘古道,老树昏鸦。遥想200年前,孔子不也是周游列国,四处碰壁,一无所获,自嘲"累累如丧家之犬"吗? 但是,孔子没有白走,他把"子曰"撒了一路,教化了无数士子,为中国大地留下了一缕儒雅之气。他老人家可曾想到,200年后,他的一名弟子也和他一样,走在同一条路上呢?

孟轲正想着、走着,就看见一队队齐国的士兵向燕国进发,一队队伤兵被抬着回来。杀戮又开始了!

孟轲上前询问,原来燕王死了,齐国趁机攻打燕国,已经夺取了十几座城池,还要继续攻打。燕国全国动员,誓死保家卫国。这样打下去,两国要死多少人啊!

孟轲决定去找齐宣王,劝他休兵罢战,让百姓免遭生灵涂炭。

他的弟子劝他不要去了,因为齐宣王冥顽不化,是不会听劝的。但孟轲明知不可为而为之,转身便走。

见到齐宣王,孟轲说:"你不记得夏朝的桀、商朝的纣,是怎么灭亡的吗?他们就是因为失去民心灭亡的。得道者多助,失道者寡助。你趁燕国之危派兵征伐,是失道的,燕国的百姓是不会支持你的,各国也不会支持你的,你这样干下去,是不会有好结果的。你打燕国,打天下,为了什么?你不过是想成就你的霸业。你想到为了百姓吗?没有。你根本没有把百姓放在心上。你要明白,天下是百姓的天下,百姓是天下的主人。民为贵,社稷次之,君为轻。你不要搞错了!"

齐宣王震怒。孟轲把轻重顺序颠倒了。民怎么能在最上面呢?君怎么能在最下面呢?民怎么能比君贵呢?民不过是任由践踏的草芥而已,不过是任由责罚的奴仆而已,是最卑贱的,怎么会在君王之上呢?孟轲这是在欺君犯上,当斩!

齐宣王一拍桌子:"来人!"

几个武士冲了进来。

孟轲岿然不动,面沉似水,静静地看着齐宣王。

看着孟轲的眼睛,齐宣王忽然感到心里发虚,眼前的孟轲仿佛是一个力大无比的猛士,而自己在他的面前,却是如此的虚弱。

"退下!"齐宣王一挥手。

武士们躬身撤了。

齐宣王不再看孟轲,转身走了。

第二天,齐宣王派人来召见孟轲,说自己病了,不能亲自前来,请孟轲去朝堂会面。孟轲说:"我也病了,不能前去。"第三天,齐宣王又派人来请,孟轲已经和弟子们离去了。

弟子问:"为何这样避而不见呢?"

孟轲说:"天下有三件令人尊敬的东西,就是爵位、年龄、德行。在朝堂上,爵位重要;在乡里,年龄重要;在经世济民上,德行重要。他怎么能仗着自己的爵位,而怠慢年龄和德行都超过他的人呢?英明的君主是不敢随便召唤贤人到朝堂议事的,他一定会亲自前往贤人的家里拜访求教。商汤王对于伊尹,齐桓公对于管仲,就不敢召唤。就连管仲这样的人都不可以召唤,何况像我这样的人呢!"

管仲是齐国宰相,他辅佐齐桓公富国强兵,文治武功,使齐国成为春秋五霸之首,被誉为"华夏第一相"。世人赞誉某人,或自夸时,常用的一句话就是"有管仲之才"。

但是,在孟子眼里,管仲根本算不上什么。孟子不屑以"管仲之才"自比。

弟子又问:"先生在齐王面前竟敢说'民为贵,社稷次之,君为轻',您就不怕冒犯了他,被杀头吗?"

孟轲轻捋胡须,哈哈一笑:"我善养吾浩然之气,何惧之有!"

弟子们惊骇了,看眼前的孟轲,犹如看一尊出世之神。

四

弟子问:"什么是浩然之气?"

孟轲说:"这很难说得明白。它作为气,是最伟大、最刚劲的,用正直来培养它并且防止邪恶伤害它,它就会充塞于天地之间,无所不在,涵盖一切。它作为气,必须与正义、仁义、道德相配。缺少了这种义与道,就会乏力。这种气是长期积蓄养成的,而不是偶然形成的。你的行为中只要有一点问心有愧的地方,就会缺少这种力量了。"

有了这种"浩然之气",人就会:

富贵不能淫,贫贱不能移,威武不能屈,此之谓大丈夫。
(《孟子·滕文公下》)

"君子"温文尔雅,文质彬彬;"大丈夫"则是威武刚劲,顶天立地。

孔子是君子,而孟轲是大丈夫。

"大丈夫"胸有"浩然之气"。有了"浩然之气",就会心无愧怍,就会无所畏惧。为官者,有了"浩然之气",就会不贪、不奢;为民者,有了"浩然之气",就会不卑、不贱。

富贵、贫贱、威武,是人所面对的三种情境。富贵、贫贱、威武,犹如磨石,磨砺着人的品格,又仿佛一面镜子,映射着人的形象。

西周末年,周幽王继位,他本该励精图治,重振国势。但是,他却骄奢淫逸,沉迷于花天酒地之中,下令征选天下美女入宫。其中有一个名叫褒姒的,堪称绝色美女,周幽王对她很是喜欢,立她为妃,整日与她厮混。褒姒美则美矣,却一脸的冷若冰霜,自进宫以来,从未笑过,这让周幽王很不开心。为此,他想尽了办法,甚至张贴告示,谁若能逗褒姒一笑赏金一千,但仍无济于事。这时,有人出主意,说把烽火台的烽火点燃,戏弄诸侯,褒姒必笑。烽火台是用来报警的,西周都城周围修建了几十座烽火台,若发现敌人进犯,就点燃烽火,各路军队只要看见烽火,就会前来参战。周幽王一听,这是好主意,就命手下人去点燃烽火。有大臣阻挡,说:"大王,这岂不是拿国家大事当儿戏?必招大祸。"周幽王不以为然:"只要爱妃能笑,还管他别的许多!"于是,烽火被点燃了,几十座烽火台烽火熊熊,气势壮观。周围的军队看见烽火,潮水一般赶来,见没有敌兵进犯,又潮水般地退去。褒姒看着这场景,禁不住轻轻地笑了一下。周幽王看见了褒姒张开的笑口,大喜:"爱妃,你这一笑,千金难买啊!"褒姒说:"这烽火好看,我还想看。"周幽王说:"这好办,几日后再点燃烽火,让你高兴。"一连几次,褒姒笑了,周幽王乐了,但各路军队也疲沓了。就在周幽王和褒姒快乐之时,敌兵真的进犯了,烽火台的烽火又一次点燃,各路军队却没有来。周幽王得不到援兵,被杀身亡,褒姒也被敌军虏去,西周就此灭亡。周幽王虽富贵天下,却"淫"于酒色,丢掉江山。

殷商时有个孤竹国,国君有两个儿子,大的叫伯夷,小的叫叔齐。国王死后,伯夷和叔齐见周文王是仁德之君,便去投奔。周文王死后,武王继位。武王整顿军备,要兴兵伐纣。伯夷和叔齐赶去劝阻,武王大怒,要杀他们。姜太公说:"这二人是有德之人,应该留下。"兄弟二人得以保全性命。武王伐纣,灭商建周,广揽天下人才,请伯夷和叔齐入朝为官。伯夷和叔齐不愿为周效力,隐居起来,靠采野菜为食,饥寒交迫,极度穷困。有个妇人劝他们:"何必呢?不要跟自己过不去,还是去做官吧,要不然你们会饿死的。"伯夷说:"我们宁肯饿死,也不吃周朝的粮食。"妇人说:"你们说不吃周朝的粮食,但别忘了,你们采摘的野菜,可是长在周朝的土地上的。"伯夷和叔齐一听,就不再采摘,绝食而死。伯夷叔齐不被贫贱所"移",留下了成语"不食周粟"。

齐庄王与大臣崔杼之妻有染,崔杼将齐庄公杀了,立庄公的弟弟景公为君,并自封为宰相。此后,崔杼大权独揽,骄横跋扈,为人所不齿。太史伯身为史官,如实记录了这段历史:"崔杼弑其君。"弑,就是子杀父、臣杀君的意思,就是大逆不道。崔杼不敢让自己的弑君之罪载入史册,就要太史伯改写为:"庄公暴病而亡。"太史伯坚决拒绝,说:"我是史官,必须如实记载历史。"崔杼威胁说:"你要是不改写,我就杀了你。"太史伯说:"杀了我,我也不会改写。"于是,崔杼就把太史伯杀了。崔杼又把太史伯的二弟太史仲叫来,要他改写,若不改写,就杀了他。太史仲也拒绝了,崔杼当即把他杀了。又叫来太史伯的三弟太史叔,要他改写,太史叔同样拒绝了,崔杼同样把他也杀了。最后叫来太史伯的四弟太史季,要他改写,说:"你看到了吗,你的三个哥哥都被我杀了,你若不改写,我就连你也杀了,你们家从此无后!"太史季说:"据实写史,是史官的责任。要我不顾事实地去写,还不如杀了我。你可以杀了我,但是你干的事最终也会记载到史书里的。"为了如实书写历史,太史伯兄弟视死如归!崔杼无奈,只好把他放了。太史伯兄弟不"屈"于威武,把"崔杼弑其君"永远地刻进了史书之中。

富贵,淫还是不淫?贫贱,移还是不移?威武,屈还是不屈?就看你有没有"浩然之气"了。

孟轲终于回到了自己的家乡。

他走进了学堂,这次不仅有"子曰",而且还有"吾曰"。周游列国,他一路坎坷,虽未如愿,却养了一身浩然之气,胸中沟壑为之大开。远离了那些冥顽不化的"王",他活得很快乐。

孟轲说:"君子有三乐,但称王天下的不在其内。父母健在,兄弟无灾,是一乐;上对得起天,下对得起人,是二乐;把天下优秀人才聚拢起来加以教育,是三乐。"最后,他再次强调:"君子有三乐,但称王天下的不在其内!"

孟轲对那些"王"嗤之以鼻、不屑一顾。他要把学生教育成"大丈夫",而不是"王"。那些"王"在他的心里,没有位置。

公元前289年,孟轲死了。

后人称他"孟子"。

孟子走了,在中国大地留下了一股"浩然之气"。

重 于 泰 山

人固有一死,或重于泰山,或轻于鸿毛,用之所趋异也。

——《史记·报任安书》

一

司马迁,大约在公元前145—135年生于黄河龙门。

司马迁身上有史的"基因"。司马迁的祖上为周朝太史。太史的主要职责就是记载史事,编写史书。司马迁的父亲司马谈是汉武帝的太史。生于这样的家庭,司马迁的生命就植根于"史"的土壤之中。

史,记的是事实。没有事实的"史"是传说。司马迁要的不是传说,而是事实。

事实在哪里?事实在脚下。

司马迁20岁时,开始了一次远游。他要用脚走出一条"史路"。

他来到了汨罗江畔,在这里,他看到了屈原的身影,听到了屈原的吟哦。

他登九嶷山,渡沅江,遍览中原大地,看到了大禹治水的伟业。

他来到淮阴,访韩信故地,感受韩信的"胯下之辱",体味"萧何月下追韩信"的美谈。

他来到曲阜,拜谒孔子,查看孔子遗迹,聆听《论语》。又去了孟尝君的封地,让自己在心里做了一下孟尝君的食客。

他从彭城走过,来到大泽乡,听陈胜、吴广揭竿而起的喊杀声。又在楚汉相争的地方,"赴"鸿门宴,听四面楚歌,看项羽拔剑自刎。

他来到开封,再回战国时代,之后返回长安。

回到长安不久,他得到一个官职:郎中。这个职务,就是皇帝的侍从官,虽然地位不高,但是接近权力核心。每逢皇帝出巡,司马迁便可以随行。汉武帝出巡,是为政事。司马迁随行,是为记史。

司马迁继续出游,继续用脚步求索历史。

他来到雍县,在秦始皇争霸之地,领略"秦王扫六合"的霸气。

他来到荥阳,这里是"东都襟带,三秦咽喉",司马迁又一次在楚河汉界,看项羽与刘邦争锋。

他来到西南地区,在这里翻阅了司马相如的《子虚赋》。

子承父业,司马迁被任命为太史令,随汉武帝去了今天的宁夏固原、河北蔚县、湖南宁远、湖北黄梅等地,最后到了泰山。登泰山,司马迁将中华万千事,揽入了胸怀。一个胎儿,在司马迁的"史腹"中躁动。

二

公元前99年,汉武帝派将军李广利带兵讨伐匈奴,让李陵随从李广利,押运辎重,做后勤工作。李陵是"飞将军"李广的孙子,他作战骁勇,年轻气盛,不愿当配角,要求只率5千步卒出征。汉武帝同意了。

李陵率军深入浚稽山,与单于大军遭遇,匈奴以8万骑兵围攻李陵。李陵率部奋勇杀敌,斩杀匈奴万余人,最终因寡不敌众,被迫投降。

汉武帝听说李陵降敌,大怒,召集文武百官议此事。满朝文武都斥责李陵,骂他贪生怕死,有辱国格。就是平日里与李陵关系甚好的人,此时也都把李陵说得一塌糊涂。整个朝廷,一边倒地唾骂李陵。

汉武帝问司马迁怎么看待李陵。司马迁知道李广利是汉武帝的宠妃李夫人的哥哥,知道李陵就是因为瞧不起李广利靠裙带关系当上了将军,才不愿屈居人下,宁愿独立出征。他更知道,此时如果替李陵说话,对自己是很不利的。得罪李夫人,是"不识相";为李陵说话,是"不识时务"。但是,司马迁看不惯那些落井下石的小人,更不愿意让李陵只因一场战斗失利就背负千载骂名。他决意要为李陵说话,揩去李陵身上的污秽。他说:"李陵对父母是孝顺的,对朋友是讲信义的。多年来常是奋不顾身,英勇杀敌,救国家于危难之际。他的品质是好的,堪称国士。今天,就因他降敌一事,众文武为了保全自己和家人,对他百般责难,大加贬损,是令人痛心的!要知道,此次出征,李陵仅率5千步兵,与匈奴8万骑兵厮杀,仍然消灭了万余敌兵,这是非常了不起的啊!古代名将也不过如此啊!他是在救兵不至、走投无路的情况下,为了让剩下的士兵免于战死,才被迫降敌的。我认为,他的降敌只是一种权宜之计,以后他会找机会回到汉室继续杀敌的。"说"救兵不至",这不是影射李广利在李陵危难之际袖手旁观吗?说"被迫降敌",这不是说投降有理吗?汉武帝大怒,下令把司马迁打入大牢。

酷吏杜周要司马迁认罪。司马迁不认,因为他不知道为李陵说几句公道话,罪在哪里。如果违心地承认自己有罪,那么,就意味着李陵也是罪人,这不等于加害李陵吗?

司马迁不认罪,使事态进一步恶化了。一个俘虏说,李陵被单于委以重任,正在帮助匈奴练兵,要来攻打长安。汉武帝一听,立刻下令,把李陵家人全部杀掉,同时要处死司马迁。

汉代的死刑是"活"的,也就是说,可以救。怎么救?就是要花50万钱买命。如果掏不出50万钱,还有一个办法,就是接受腐刑。这对一个男人来说,是奇耻大辱。

司马迁没钱,拿不出50万来。

司马迁面临两个选择:死或是腐刑。

三

士可杀不可辱,这是千年古训,是士人的行为准则。死是壮烈,辱是苟且。死,可以留得美名;辱,则让人耻笑。在死与辱的选项中,士是要选择死的。为什么呢？因为士是社会的精神贵族,是有尊严的,只能受到尊重,而不能受到羞辱。辱是分等级的。在所有的辱中,腐刑是最下等的,足以让人颜面尽失,生不如死。多少人宁肯死去,也不接受腐刑。

死,还是活？这是个问题。司马迁的心翻江倒海。

想来,自己的祖先没有立下拜爵封侯的功勋,不过就是个掌管文史星历的太史令,这是个被皇上当作戏子、优伶一样看待的职位。我接替祖先的这个职位,在皇上眼里如同蝼蚁蚂蚁一般,就是死了,也不过是九牛身上之一毛而已,世人只会以为我犯了错误而嗤之以鼻。就因为我说了几句话,便遭此横祸,被乡里人耻笑,又侮辱了祖先,还有什么脸面到父母的坟墓前去祭扫呢？即使过了百代,这种污垢也只能越发沉重。一念及此,司马迁真是愁肠百回,呆在家里就神情恍惚,出门又不知该往何处去。他每想到这里,汗就从脊背上流出,沾湿了衣裳。

司马迁想到了死。

他想到了田横和五百壮士的死。田横是齐王的后裔。在四方豪杰共同抗秦的洪流中,田横也加入其中。刘邦灭秦后,田横率五百壮士固守在一个孤岛上,拒不投降。刘邦下诏书说,如果田横投降,可以封侯,如果不降,就把他们全部杀掉。田横为了保全部下的性命,便带了两个人去找刘邦。走出孤岛,来到尸乡驿站,田横对这两个人说:"见天子是要沐浴的。我和刘邦一起争天下,没想到让他做了天子。今天我成了他的俘虏,要对他行人臣之礼,这不是奇耻大辱吗？他要见我,无非是要看看我落魄的样子，羞辱我。这里离刘邦的地方只有30里，你们把我的头割下来，让他看去吧！"说完，拔剑自刎。那两人拿着田横的首级去见刘邦，刘邦感动得流泪，说："田横和我一起抗秦打天下，是大贤啊！"下令按诸侯的规格厚葬田横，同时任命田横的两个随行为都尉。没想到，就在埋葬田横的时候，这两人也拔剑自刎，一头栽近田横的墓穴。刘邦大惊，感叹道："义士，义士啊！"下令同样厚葬这两人，又派使者招降岛上的五百壮士。那五百壮士听说田横已死，毫不犹豫地选择了跳海自杀。

司马迁想到了死。

他想到了项羽的死。项羽兵败垓下，四面楚歌。项羽在绝境中唱起了悲凉的歌："力拔山兮气盖世，时不利兮骓不逝。骓不逝兮可奈何，虞兮虞兮奈若何！"项羽流泪，将士们也流泪。项羽带着八百壮士，杀出重围，来到乌江边。此时，项羽身边只剩下二十几个人了。乌江亭长早已等候在那里，对项羽说："霸王，江东虽然不大，但也纵横千里，百姓有几十万，足够您继续完成霸业。快快上船，要不然，汉军就要追上来了。"项羽平静地说："我和江东八千子弟西渡征战，如今没有一人活着。即使江东父老欢迎我回去，我这样回去，又有何脸面见江东父老呢？我看你是厚道人，我把我的坐骑送给你！"说罢，领着剩下的人马与汉军厮杀，最后他看到了汉军骑司吕马童，说："咱俩是老朋友了，你把我的首级拿去请赏吧！"说完，拔剑自刎。

司马迁想到了死。

他想到了李广的死。李广随大将军卫青出征匈奴。与敌交战中,捉到一个俘虏,说出了单于的住处。卫青便命令李广和右将军的队伍合并,从东路出击,而自己率精兵追击单于。李广认为东路是绕远,并且大军在缺少水草的干旱地区行进,不易合并进击。因此请求卫青,让自己担任前锋,与单于决一死战。卫青看李广已经60多岁,身体不好,恐不能胜任,就没有答应。李广被卫青拒绝后,不听卫青的命令,自己带着队伍去追单于。结果,中途多次迷路,落在了卫青的后面。卫青与单于交战,单于逃跑了。卫青只好回兵,在半路上遇到了李广。卫青让李广写一份详尽的报告,上报汉武帝。李广没有说话。卫青又派长史急令李广的幕僚接受审问。李广说话了:"单独追击单于是我做的决定,和校尉们没有关系,我亲自去大将军那里受审。"来到卫青府上,李广说:"我一生和匈奴打了70多场仗,这次能和大将军共同与单于作战,是我的幸运。只可惜,我半途迷路,没有如愿活捉单于,这是天意。我已经过了花甲之年,岂能再受那些刀笔吏的侮辱!"说罢,拔剑自刎。

司马迁想到了辱。

他想到了越王勾践的辱。春秋时,吴王夫差和越王勾践大战,越王勾践大败,被围困在会稽。夫差的父亲阖闾就是与越国交战负伤而死的,因此这次勾践被围,必死无疑。但是,夫差不打算让勾践一死了之,而是要羞辱他。在死与辱间,勾践选择了辱。夫差让勾践和夫人住在阖闾坟旁的屋子里,要勾践和夫人每天向阖闾磕头认罪。夫差出门,勾践给他牵马;夫差下马,勾践扶他下来。勾践,作为曾经的一国之君,就这样在"辱"中活着。直到有一天,他回到了越国。他在吃饭的地方,挂了一个苦胆,每天吃饭时都要尝一尝苦胆,喊一声:"你忘了所受之辱吗?"他把铺好的席子撤去,用干硬的柴草做褥子,每天睡在上面,找回自己在阖闾坟旁的小屋子里睡觉的感觉,喊一声:"你忘了所受之辱吗?"这就叫"卧薪尝胆"。10年后,勾践重整人马,再次与夫差交战,一举灭掉了吴国。

司马迁想到了辱。

他想到了韩信的辱。韩信不愿种地,不会经商,就喜欢研读兵法,总想有一天能够带兵打仗,做大将军。他喜欢佩剑,每天佩着剑走在街市上,大摇大摆,很是得意。偏偏有一天,韩信在街上碰到个屠户。这屠户是个泼皮无赖,见韩信过来,便上前拦住,说:"别看你长得又高又大,还佩着剑。其实我看你就是个胆小鬼。"韩信说:"你怎么知道我是胆小鬼?"屠户说:"你要是胆大,你就拿剑来刺我!你要是胆小,就从我的胯下钻过去!"这时,围观的人越来越多。有的人喊:"杀死他!"有的人喊:"钻过去!"韩信在"杀死他"和"钻过去"之间犹豫了。"杀死他"容易,只须一剑!可是杀人偿命,屠户死,自己也得死。他看着眼前这个屠户,这是一条多么卑微、多么不值钱的生命啊!拿自己的命去换这个屠户的命,值吗?太不值了!他不再犹豫,在众人的哄笑中,从屠户的胯下钻了过去。这就叫"胯下之辱"。有了这一辱,才有了韩信的统兵百万,才有了韩信的声威赫赫,才有了"国士无双""功高无二"的美誉。

司马迁想到了辱。

这个辱,是汉武帝对司马迁的辱,更是汉武帝对自身的辱。因为一个臣子说了几句他不爱听的话,就要把臣子杀了,就要用腐刑来羞辱臣子,这与历史上的桀纣有何不同?汉武帝此举有辱自己的一世英名!司马迁用一颗"史心"审视着汉武帝。

汉武帝是伟大的,司马迁也是伟大的。汉武帝已经成其伟大了,但司马迁还没有显示出"伟大"。如果司马迁被汉武帝杀了,就永远没有了伟大。

人固有一死,或重于泰山,或轻于鸿毛,用之所趋异也。(《史记·报任安书》)

人都会死的,人的生命不是重于泰山,便是轻于鸿毛,就看你追求什么了。

大丈夫能屈能伸,这是千年古训。这条古训,为或死或辱的极端性选择开辟了回旋的余地,为活下去找了一个理由,为退一步搭了一个台阶。《易·系辞下》说:"尺蠖之屈,以求信也;龙蛇之蛰,以存身也。"尺蠖是一种蛾的幼虫,它靠身体的一伸一屈向前行走,如果只伸不屈,就不能行走,而只能原地打转。伸,无所谓荣;屈,无所谓辱。伸屈各有其意义,都是合理的动作。

如果司马迁死了,他的生命将轻如鸿毛;如果他活下去,生命则将重于泰山。

如果死了,我心中的"史"怎么公之于世?而谁又能写出足以流传后世的"史"呢?不能死,这样死去,生命就没有意义了,真的是轻如鸿毛!

司马迁不再想死,而是想活了。

他终于卸掉了精神缧绁,一个重于泰山的生命留了下来。

盖文王拘而演《周易》;仲尼厄而作《春秋》;屈原放逐,乃赋《离骚》;左丘失明,厥有《国语》;孙子膑脚,《兵法》修列;不韦迁蜀,世传《吕览》;韩非囚秦,《说难》《孤愤》;《诗》三百篇,大抵圣贤发愤之所为作也。(《史记·报任安书》)

这堪称司马迁的"文论",是司马迁的创作"动力学"。

周文王是圣贤的楷模,以德治国,勤勉自励,深得人心。没想到,遭人谗言,被商纣王囚禁在羑里。在囚禁中,周文王悉心研究伏羲创造的先天易、神农创造的连山易、轩辕创造的归藏易,对其进行整理,把它演绎成六十四卦和三百八十四爻,形成了卦辞、爻辞,影响了中国人的思维方式,后人称之为"周易"。如果不是被拘禁,周文王能推演出《周易》吗?

孔子周游列国,东奔西走,始终得不到各国君主的赏识,很不得志。在游走中,多次被围困,险些丧命。走了14年,两手空空,自嘲如"丧家之犬"。在落魄中,孔子开始撰写《春秋》。他描述自己:"其为人也,发愤忘食,乐以忘忧,不知老之将至云尔。"如果孔子仕途得意,还会写《春秋》吗?

屈原品行高洁,才华过人,却遭小人谗言,被赶出郢都,流浪江湖。屈原远离了政治舞台。在放逐中,把悲愤化作诗文,写出了《离骚》,让自己成为中国的"诗祖"。如果不是被小人构陷,不走上放逐之路,屈原还会写《离骚》吗?

左丘明,有志于史,他身为鲁国太史,掌握了大量历史事实。不料,晚年竟然双目失明,这对他进行著述无疑是重大打击。然而,失明更加激发了他的斗志。他不舍昼夜,用几十年来的史料积累,写成了《国语》。在《国语》之前,左丘明已经写出《左传》,赢得了大名。如果不是失明,或许他也想不到去写《国语》。失明是对他生命的一个挑战,他不愿在这种挑战中失败,用《国语》宣告了自己的胜利。

孙膑是战国时期的军事家,与庞涓是同窗。庞涓效力于魏国,他自知才华不及孙膑,便有意加害孙膑。他把孙膑骗到魏国,然后在魏王面前说孙膑是魏国的大患,一定会助齐攻魏。魏王听信了庞涓的谗言,便把孙膑的两只脚砍掉了,让孙膑成为一个废人。齐国知道孙膑是奇才,便想办法把孙膑接回了齐国。孙膑在悲愤中,倾全力写作《孙子兵法》。若不被"膑脚",孙膑或许只顾忙于马上征伐,无暇写作,《孙子兵法》或许就永远沉睡于孙膑腹中了。

吕不韦,秦国宰相。他将所养食客的所见所闻汇集起来,编纂成八览、六论、十二纪,20多万字。定书名为《吕氏春秋》,也叫《吕览》。这部著作"兼儒墨,合明法",主张无为而治,是治国理政的重要参考书。吕不韦将此书看得很高,非常自信。他把书的内容写在布匹上,悬挂于咸阳城门,放出豪言:"有谁能增删一字,赏金一千!"竟无一人可以做到。吕不韦有才,但是与宫闱淫乱,最终被秦始皇赶出京城,前往蜀地。吕不韦自知不能活命,饮鸩自杀。死前,由于秦始皇对他心有防范,因此《吕览》不受重视,被秦始皇弃之。吕不韦死后,《吕览》却破土而出,放出光彩。真是吕氏死,换得《吕览》生。倘吕氏不迁蜀地,或许《吕览》就会永不见天日了。

韩非是战国时期韩国贵族。他才华出众,有济世之志。面对韩国的弊政,多次上书,要求改革,然而得不到韩王采纳,反而遭到小人排挤,"廉直不容于邪枉之臣"。他无奈中愤而退出官场,著书立说,写出了《说难》《孤愤》《五蠹》等。书传到秦国后,秦王嬴政非常赏识韩非,说:"嗟乎,寡人得见此人与之游,死不恨矣!"为了得到韩非,秦王开始攻打韩国。韩国在危急之中,派遣韩非出使秦国,以劝说秦国休战。秦王便将韩非囚禁了。韩非的同窗李斯嫉妒韩非,在秦王面前说了韩非的坏话。秦王便把韩非杀了。司马迁说韩非囚秦,才有了《说难》《孤愤》,虽然这一说法时间地点不对,但适用的情境是一样的,韩非即便不在韩国写,也会在秦国写的。《说难》《孤愤》对韩国、秦国,普遍适用。

《诗经》诉说着统治者的昏庸残暴,也是圣贤的发愤之作。

先受辱,后发愤,在发愤中写出不朽名篇,这是为文之道。

司马迁长抒一口气,拿起笔开始写他的"史家之绝唱,无韵之《离骚》":《史记》。

《史记》,显现着司马迁重于泰山的生命。

司马迁死了,不知死于何年,葬在何处。

但《史记》不死,"史"气氤氲,飘忽千年。

纵情乱世

时无英雄,使竖子成名。

——《晋书·阮籍传》

一

阮籍,陈留尉氏人,生于210年,卒于263年。

魏晋是春秋战国之后的又一个乱世。身在乱世,阮籍不废学业,把诸子百家装进胸中,成为一名标准的儒生。儒学是入世的,儒生是要入仕的,阮籍也把入仕当作人生"正路"。

阮籍的仕途很顺,不怎么费劲就当上了尚书郎、参军。他的命也很好。他的官是辅政大臣曹爽给的,而曹爽被司马懿杀了以后,许多人都受到牵连,不是被处死,就是被关进大牢。阮籍的父亲阮瑀是曹操的书记官,深得曹操信任,阮籍当然情系曹家。而司马懿竟不问出处,让阮籍做了自己的从事中郎。

阮籍是有济世之才的。司马昭让他去东平做官。他骑着毛驴去了东平,当地官员有些瞧不起他,认为他不过是个只会读圣贤书、写文章的书生而已,哪里会当官。阮籍上任后,一言不发,每天这儿走走,那儿看看,一副无所事事的样子。手下的人有点摸不着头脑,不知道他要干什么。没过几天,阮籍突然一道令下,要求把所有衙门的墙壁拆了,使各部门没有死角、暗角,都在"阳光下"办公,一下子就增加了办公透明度,提高了办事效率。干完这事,阮籍就骑着驴回洛阳去了。连来带去,阮籍在东平也就呆了十几天。但仅这十几天工夫,阮籍就在中国的行政管理上留下了一笔,可以说是开了行政"公开化、透明化"的先河。

不但当文官,阮籍还当了武官,做步兵校尉。不过,这次他却不想有什么作为,除了喝酒还是喝酒。他当这个步兵校尉,就是图喝酒方便。

这是他最后一次当官,当得平庸,当得懒散,官没当好,酒却喝了个够。

二

阮籍为什么不好好当官?因为魏晋太乱了。

结束了魏、蜀、吴三国鼎立的局面,曹丕建了魏国,魏国刚建不久,就被司马炎所灭,司马炎建了晋国。待晋武帝司马炎死后,晋惠帝继位,国家天灾人祸达到顶峰,百姓挖野菜,吃观音土,大量的人被饿死。晋惠帝听到禀报后,很不理解,说:"何不食肉糜?"意思是:百姓既然吃不上米饭,为何不吃肉粥呢?一国之君昏聩到这种地步,天下焉能不乱!

魏晋之乱,乱在没有道德,没有秩序,没有法度,没有襟怀。在这种乱世中,整个社会都陷入了巨大的荒谬中。为官的不知道为何为官,读书的不知道为何读书,当兵的不知为何当兵,百姓不知道为何活着。一切都失去了意义,一切都没有了价值。

有知识、有头脑的人,被视为社会的危险分子,不是遭到排挤,就是惨遭杀害。魏晋是滥杀无辜的时代,被杀害的社会贤达数不胜数。在这样的时代,平庸的人可以平庸地活着,而杰出的人却无法杰出地活着。

阮籍在现实中的境遇还是不错的,没有被诬陷,没有被放逐,在司马家族的眼里还是有地位的。按理说,他应该窃喜了。但是,他很不满意,因为他所得到的一切都不是他所需要的,都不符合他的情怀。

他独自在荒野上踯躅。极目四方,天远地偏,一片昏黄。曹孟德去哪里了?刘玄德去哪里了?孙仲谋去哪里了?魏蜀吴三国争霸,金戈铁马,鼓角连营,今日竟是谁家之天下?无量头颅无量血,可惜了这么好的江山,竟被一群无德、无才、无志的草莽之徒称王称霸。当年的壮士在哪里呢?那股英雄气又在哪里呢?

荆轲来了!当年秦国大军压境,威胁燕国献出督亢一带的土地。燕国的太子丹求壮士荆轲相救。荆轲说:"只有杀了秦王,才能救燕国。"燕太子丹说:"怎么才能杀秦王?"荆轲说:"樊於期将军是秦王部下,只因打了败仗,被秦王不容,杀了他的全家。无奈之下,投奔了您。秦王对樊将军恨之入骨。若是我带着樊将军的人头和督亢一带的地图去见秦王,秦王必会信任我,我便可趁机杀死秦王。"太子丹说:"这未免太残忍了,樊将军未必肯。"荆轲说:"樊将军是侠义之人,我想他会同意的。"于是,荆轲就去见樊於期,说明了来意,告诉他:"到时候,我会左手抓住秦王的衣袖，右手掏出匕首刺死秦王。这既为你报了仇，也解救了燕国。"樊於期一拍大腿："好，就这样！只要能杀死秦王，我死何足惜！"说罢，拔剑自刎。荆轲带着樊於期的头颅上路了，他知道，杀死秦王后，自己的头颅也将被人割下来，留在秦国。太子丹率领众人，穿着白衣素服为他送行。走到易水河边，荆轲停下脚步，对流泪的太子丹说："不必送了，你们就等我的好消息吧。"说罢，大声吟唱："风萧萧兮易水寒，壮士一去兮不复还！"头也不回地走了。荆轲来到秦国，见到秦王，献上樊於期的首级，秦王很是满意。荆轲又把督亢地图在秦王面前徐徐展开，"图穷匕首见"，一把明晃晃的匕首露了出来，秦王大惊失色，刚要跑，荆轲左手抓住秦王的衣袖，右手拿起匕首，就向秦王刺去！可惜，秦王的衣袖太宽大了，荆轲没有刺到秦王，只是把他的衣袖割下一截。这时，秦王的卫士们蜂拥而上，把荆轲砍死了。荆轲壮志未酬，死不得其所。阮籍长啸一声："壮士何慷慨，志欲威八荒。"荆轲犹未死，壮士气长存。

陈胜、吴广来了！陈胜，给人耕地，甚是贫寒。他虽为一介农夫，却很有志向。耕地的时候，他对伙伴们说："将来咱们要是有谁富贵了，可别忘记大家啊！"众人笑他是在说梦话："就你一个种地的，还能富贵？能活下去就不错了。"陈胜一笑，摇摇头："你们这群燕雀，怎么能知道鸿鹄之志呢？"秦二世元年七月，陈胜、吴广等900人被朝廷编入军队，限期去驻守渔阳。恰巧大雨滂沱，行动受阻。军队不能按时抵达，按照秦朝律法，是要被杀头的。陈胜对士兵们说："我们去是死，不去也是死，还不如造反吧,兴许还能活命。壮士不死便罢,死就要死出个轰轰烈烈的名声。再说了,凭什么天下就应该是秦二世的?难道王侯将相是天生的?难道我们天生就是受他们欺负的?我们就没资格成为王吗?"众人一听,是这个道理,推举陈胜为王,高呼:"陈胜王!"陈胜率领大家,揭竿而起,杀向秦王朝。陈胜,好一个壮士!陈胜虽死,却灭掉了秦王朝。陈胜,死得其所。阮籍又是一声长啸:"临难不顾生,身死魂飞扬。"做一名慷慨悲歌的壮士,志在沙场,置生死于度外,只为百世之荣,千古流芳,这是何等的豪气!

志在沙场,可是挥剑斩何人呢?金鼓齐鸣,竟为谁家赢天下呢?折戟沉沙处,满目都是流散的百姓,这样的跃马扬刀,有什么意义呢?如果生在汉武帝时,可以纵马扬鞭,良弓长剑,与匈奴拼杀,即使血洒疆场,也是死而无憾。可是,生在如此乱世,剑指何方呢?

乱世,地野田荒,人间犹如走兽场。乱世,最乱的是人心,小人得志。小人逐利,君子求道。小人逐利,蝇营狗苟;君子求道,光明磊落。乱世是小人的乐园,小人是乱世的宠儿,小人在乱世中享受;乱世是君子的炼狱,君子在乱世中煎熬。小人在乱世中顺风顺水,君子在乱世中跌挫困顿。在乱世中,小人是无所谓道德、廉耻的,他们用自己的"得意""得志"为社会做着"行为示范",学之者昌,不学之者亡。君子对小人的行径虽然不齿,却又无可奈何。小人已经对社会有了制度性控制,任凭你有怎样的才干,也无法从根本上改变现实。阮籍正是看到了这一点,才在东平"玩一把",把衙门的墙拆掉以后,便骑着驴走了。

阮籍在乱世中行走,登上了广武城。放眼望去,遥想当年,楚汉争霸,刀光剑影,一时多少豪杰。项羽力拔山兮气盖世,虽败犹荣。现在,还有项羽这样的英雄吗？都是些鸡鸣狗盗之徒,鼠目寸光之辈。唉,阮籍一声长叹:"时无英雄,使竖子成名!"竖子者,无能之辈也。

在这"竖子成名"的世道,如之奈何？只有喝酒。宁与杜康为友,不与"竖子"为伍。阮籍整日泡在酒里,时光在酒里消逝,精神在酒里损耗,魂气在酒里飘摇。身在人间,心在别处。"丘墓蔽山岗,万代同一时。千秋万岁后,荣名安所之"。他想到了死,感觉到了生命的短暂。来人世走了一遭,什么也没有得到,什么也没有留下,枉读了圣贤书,空立了少年志,就这样稀里糊涂地了此一生。

他驾着马车,一个人漫无目的地游走。走着走着,没路了,返回,再往别处走。走着走着,又没路了,再返回,再往别处走。走着走着,又没路了,连返回的路也没有了。"天哪!"阮籍跳下车来,仰天长啸一声,"世上真的无路可走了吗!"四面寂静无声,只有自己的回声。他"哇"地一声,大哭起来,哭得痛彻肺腑,哭得惊天动地,泪水湿透了衣衫。泪流尽,他又是长叹一声:"时无英雄,使竖子成名!"这是一声英雄气,比他的哭声刚健、响亮。在这声长叹中,魏晋所有的"英雄"人物都没有了地位。

三

阮籍匆匆地向苏门山走去。

山上有位隐士,名叫孙登,其名大于苏门山。如果孙登不在苏门山隐居,苏门山就是一座普通的山。孙登之名,在于"啸"。他的啸,让苏门山有了灵性,成了名山。山以人名,人们称孙登为"苏门先生"。都说孙登能"啸",但很少有人听到过。听到的人说,孙登的啸,犹如狮吼;也有人说,孙登的啸,犹如狼嚎;还有人说,孙登的啸,犹如雷鸣;更有人说,孙登的啸,犹如天崩地裂。各说虽不一,但都表示孙登的啸,非同凡响。

阮籍来苏门山,就是要拜访孙登,听他一啸,求得"仙人指路"。

阮籍沿着山路,越走山越高,越走天越低。四处望去,草深林密,寂静无声,几只飞鸟从头上掠过,地上却没有人迹。孙登在哪里呢?阮籍对着山林高声呼喊,只听见了回音。回音落下,仍是一片寂静。哦,这样喊恐怕是不妥的,岂不会惊扰了先生?只能慢慢找。阮籍继续向上走,汗水滴答滴答地洒在脚下。走了一会儿,实在是走不动了,阮籍停下脚,喘着气,用袖子抹了一下脸上的汗,想坐下歇息。就在这时,他发现前面几棵松柏的掩映中,像是有个山洞。孙登莫不是就在这山洞里?阮籍精神一抖,起身迈开了脚步。还没有来到洞口,就觉得有一股凉气。阮籍两脚发飘,身子好像在升腾,那凉气把他一点一点地吸进了洞里。一股清气沁入肺腑,周身感到清爽。昏暗中,就见一老者躺在洞里一角,一头雪白的长发披散在脸上,看不到他的真容。阮籍轻声问道:"借问,可是孙先生?"老者轻轻嗯了一声:"是我,孙登。"阮籍疾步向前:"我可找到先生了,特来求教。"孙登道:"老朽不才，不问世事，无可赐教。"阮籍说："先生不必过谦，久仰先生大名，我是慕名而来。"孙登撩开了脸上的白发，一双眼睛炯炯有光："我是世外山人，恐听不懂人间言语。"阮籍说："先生乃是神人，必能为我指点迷津，还烦劳先生听我诉说。"孙登闭上了眼睛。阮籍向前跨了一步，开始诉说。阮籍向孙登讨教治乱世之术，孙登默不作声。阮籍向孙登讨教何以在乱世中容身，孙登默不作声。阮籍向孙登讨教老庄之道，孙登默不作声。阮籍向孙登讨教阴阳五行，孙登默不作声。尴尬中，阮籍向他讨教"啸"。孙登的眼睛忽然睁开了，说："你啸吧。"阮籍平日是经常"啸"的。这种啸，是从喉咙的深处发出，沉闷、悠长。阮籍看着孙登，静一下，憋足了气，长啸一声。孙登指着山洞口，对阮籍说："你出去，对着山林，啸！"阮籍双手合十，作揖道："好的。"便走出山门，对着山林啸了起来。啸完，回身看着孙登。孙登道："你可以走了。"阮籍有些失望，什么也没有学到。但是，也不好再呆下去，只好给孙登鞠了一躬，沿着来时的山路下山。

刚走不远，就听身后传来一声长啸。啊，这是孙登的啸声！它从天而降，气贯山林，山林为之震撼，天地为之晃动。它撞击着一切，扫荡着一切，冲刷着一切。抬头看，天是那么地蓝，云是那么地白。向前看，崎岖的山路变成了阳关道，潺潺小溪化作了大江大河。

这声长啸，劈开了阮籍的心石，他的灵魂一下子破石而出！

四

阮籍疾步下山，拿起笔，在孙登的啸声中写下《大人先生传》。

不是君子、圣贤，而是"大人先生"。在阮籍的笔下，这个"大人先生"不知生年，不知去向，不见行迹，万里只是他的一步，千年只是他的一个早晨，神农、黄帝在他的心中，尧舜在他的掌中，他与众不同，特立独行，从不把世人对他的毁誉当回事，只是默默地探求道德，追寻大道，他胸怀宽广，中原之地在他的心里不过蚊蝇大小，他所到之处，都是人迹罕至的地方。他留下书信给苏门山，从此没了音信。这分明是仙人。仙人与神不同，仙人是食人间烟火的。在阮籍的心目中，这个"大人先生"是高于神农、黄帝、尧舜的，因为他具有神性。

在世人眼中，君子是很讲究的，服装要庄重，言谈要得体，住所要洁净，举止要合礼，这样才能得到人们的尊重。而"大人先生"则完全是另外一副样子：披头散发，衣冠不整，孤家寡人，居无定所，这种形象是要让世人嘲笑的。

对此，"大人先生"说："天崩地裂的时候，哪有什么好路让你行走？哪有什么好的地方让你安居？天地本来就是飘摇不定的，或聚或散，没有一定的外形。大人就是要像天地间的浮游物一样，与自然融为一体，以自然之形为己之形，那才是自己真正的形状。万物都要死去，都要化作泥土，全都会失去自己的住所，要那住所何用呢？你看乱世中的人，就像裤裆里的虱子，深藏在裤缝里,还以为这是自己的吉宅呢。它们就在这裤缝里过活,根本不敢爬出这裤缝,怕一旦爬出裤缝,就会遭遇不测。它们就靠在这裤缝里咬着人的肌肉过活,还觉得活得很好。一旦火山爆发,岩浆漫溢,把世界都烧成焦土,它们就会被烧死在裤裆里。你们所说的君子,不就是活在裤裆里的虱子吗?鸿鹄在尘世之外遨游,鹩鹩在蓬蒿艾草中玩闹,它们怎么能相提并论呢?你所说的君子怎么能和我比呢?有道之人是不贪恋居所的,也不刻意修养德行。他与阴阳同体,腾云驾雾,有什么理由怕世人的讥笑呢?没有尊贵,就没有卑贱;没有富裕,就没有贫穷。你们非要在世上分出尊贵、卑贱、富裕、贫穷,结果是人们互相争斗、杀戮,弄得天下大乱。不就是你们这些君子干的吗?我漂游于世外,与造化为友,随自然运行,不违大道,有什么不对呢?"

阮籍的"大人先生"与世俗社会的君子做了彻底的切割。在"大人先生"看来,那些"君子"都是乱世的制造者,是活在社会裤裆里的虱子。社会已然如此,你能不"厌世"吗?

对"大人先生"而言,他没有屋舍,宇宙就是他的住宅;他没有君王,天地就是他的"工作单位";他没有具体的事情要做,天地间所有的事都在他的心中。在"大人先生"看来,世上无所谓是非,亦无所谓善恶,万物都享受他的恩泽,都因他而昌盛。

"大人先生"走了,谁也不知道他去了哪里,从此天地间没有了他的踪影。对他来说,天地小如微卵。任何人,无论是君王,还是草民,要对"大人先生"妄加议论,都是可悲的。

"大人先生"是谁？只有阮籍知道。

五

写完《大人先生传》，阮籍变成了另一个人。

一日，阮籍正在与人下围棋。忽然有人来报，说他的母亲去世了。阮籍纹丝不动，两眼盯着棋盘，继续下棋。对手说："别下了，你赶快回去吧！"阮籍面无表情："下完再走。"对手草草下了几步，推枰认输。阮籍把棋盘一掀，放声大哭，哭得口吐鲜血。按照礼法，母丧期间是不能喝酒吃肉的。阮籍不然，就在母亲出殡的那天，他喝完酒吃完肉，才与母亲的遗体告别，从而被人骂为"不孝"。阮籍当然不在乎别人的骂，他不是说了吗，妄议"大人先生"者，是可悲的。

母亲去世，亲朋好友前来吊唁。阮籍对前来吊唁的人，没有感谢之词，只是在一旁漠然地看着。好友嵇康的哥哥嵇喜在朝中做官，前来吊唁，按照应有的礼节致哀。阮籍不但不谢，还给了嵇喜一个白眼，弄得嵇喜心中不快。嵇康带着酒前来吊唁，还给阮籍弹琴，阮籍对他青眼有加，俩人相谈甚欢。

男女授受不亲，是千百年来"铁的规矩"。阮籍不管这套，破了这个规矩。在他家不远处，有一个小酒店，阮籍常约朋友到店里喝酒。经常是喝得大醉，阮籍便在店里睡下，身边就是漂亮的女主人。这当然又引起流言蜚语。阮籍却毫不在意，还是那句话，妄议"大人先生"者，是可悲的。

乱世长啸，阮籍创造了自己的"行为艺术"。

一 曲 绝 响

《广陵散》于今绝矣!

——《晋书·嵇康传》

一

嵇康,谯国铚县人,生于224年,卒于263年。

嵇康,长得美。他有多美？他的好友山涛赞叹道:"叔夜(嵇康)之为人也,岩岩若孤松之独立。其醉也,傀俄若玉山之将崩。"李白形容他醉后"玉山自倒非人推"。想想看,这是怎样的奇男子、美男子！"竹林七贤"中的王戎,长得俊秀,有一双闪亮的大眼睛,可惜不高,没有嵇康伟岸。裴楷,容貌如玉,站在人面前,仿佛一尊玉雕,虽然也很有气度,但他为了自保,不得不在权贵中周旋,陷入俗世,身上不免沾有俗气,不如嵇康超然旷达。潘岳,字仁安,号称中国古代第一美男子,不仅长得美,而且才华横溢,妙笔生辉,人赞其"潘才如江"。然而他钦羡权贵,巴结皇后贾南风的外甥贾谧,每天守候在贾谧的门前,见贾谧出门,对着贾谧的车马扬起的尘土叩拜,现猥琐相。也因如此,世人将其字中的"仁"字抠去,称其为"潘安",与遗世独行的嵇康相比,显然不在同一个层级。

嵇康，堪称"美冠群美"！

嵇康是琴师，弹得一手好琴，也是音乐家，有自己独特的音乐理论，著有《琴赋》《声无哀乐论》。

嵇康是诗人，善四言诗。他不为《风》《雅》所羁，诗风峻丽。刘勰在《文心雕龙》中评价他为"嵇志清峻"，钟嵘在《诗品》中评价他为"峻切"。嵇康的诗能让我们想象奇拔的山峰、陡峭的岩壁。

嵇康是书法家，工于草书，被人誉为"如抱琴半醉，酣歌高眠，又若众鸟时集，群乌乍散"。

嵇康之才，非常人所及，令人仰望、敬畏。与其同时期的钟会，才气很高，19岁即入仕，一路高升，22岁当了尚书郎，29岁就被封了关内侯。钟会写完《四本论》后，想请嵇康"斧正"，又怕嵇康不见，在嵇家门前徘徊数日，最终没有勇气敲门，把书稿隔墙掷到嵇家院内，转身跑了。

二

嵇康娶了曹操的曾孙女长乐亭主为妻，官拜中散大夫，人称"嵇中散"，虽然是有职无权的闲官，但可在宫中走动，也算是朝廷中人。嵇康如果以入世的态度生活，是可以过安稳日子的。然而，他偏要"出世"。为什么？因为这是乱世。他不愿意让乱世的污泥浊水浸染了自己，尤其是官场的恶臭，让他无法容忍。相由心生，他怕在官场久了，自己的心灵扭曲了，继而自己的相貌也丑化了。官场里的人，一副猥琐相，哪有美男子！

嵇康向往着"逍遥游"。

他要乘风直上九霄,约上友人一块儿远游,好生自在。餐天地之气,饮夜半露水,在浩淼的天宇独往独来。在九霄之上,看天地间人何等渺小,又何等微如尘粒,就让生命随风远去吧。

他就是想过这样逍遥的日子,不想吃官场的饭了。官场的丑陋、乱世的肮脏,使他实在是忍不下去了。官场的一切,摇撼了他的价值观。他不再信奉汤武周孔,也不再遵从儒家的纲常,而选择任由自然本性发展了。这看起来有些不可思议,但仔细想来,也难怪。如果汤武周孔是万世不易的,那为什么先有春秋之乱,后有魏晋之乱呢?汤武周孔为什么稳不住社会,拢不住人心呢?在乱世中,用汤武周孔这一套能过好日子吗?满朝文武天天念叨着"子曰",但为什么"子曰"管不住他们呢?不如远离官场,落得个逍遥自在。

嵇康喜琴,他用琴声驱散着人世间的嘈杂之音。琴声是他的另一种语言,只有他能听得懂。这琴声里,有风也有雨,有阴也有晴,有悲也有喜,有聚也有散,有高山空谷,也有平湖飞瀑,有一马平川,也有峻岭奇峰,有静立的竹林,也有浮动的白云,有曙色熹微,也有夜色朦胧,有山花烂漫,也有黄叶凋零,有黄钟大吕,也有燕叫蝉鸣,有溪水蜿蜒,也有怒涛汹涌……

背着琴,嵇康拿起一壶酒,向一个幽静的庭院走去。见不到人踪,听不到人声,没有人的地方,就是最干净的地方,就是最心净的地方,就是最快乐的地方。嵇康的心乐了。百花都对他绽放着笑脸,空中飘散着缕缕芬芳。远处,高台耸峙,孤傲、伟岸。

再向深处走去，蓊郁的林木中，一潭碧水，倒映着蓝天白云。池水中，几条鲂鲤摆着尾巴嬉戏。几个钓者正专心致志地坐在池边垂钓，他们往池子里撒着鱼饵，只见其中一人把弹丸弹出去，几条鱼儿就游了过来，在鱼儿张嘴的一刹那，钓者眼疾手快，撒出渔网，鱼儿便成了他人"囊中物"，众人都赞叹其好身手。嵇康在池边坐下，对着清流绿水，对酒当歌，边饮边唱，琴声在清风中飘荡，他的思绪也随之悠远。唉，可惜东野子不在身旁，他要是在的话，该多好，这琴声只有他听得懂。

喝着，弹着，唱着，嵇康就想起了庄子。庄子给人送葬，路过惠子的坟墓，对送葬的人说："当年郢都有个人在自己的鼻子尖上抹了石灰，这石灰薄的如同苍蝇的翅膀，他让一个姓石的石匠用砍石头的斧子，把鼻子尖上的石灰削去。那石匠挥起斧子就在他的鼻子尖上风一般地砍过，石灰随之消失，而郢都人站在那里，面不改色，纹丝不动。宋元君知道了，有点不相信，就召见石匠，在自己的鼻子尖上抹了石灰，要他也来用斧子砍掉石灰。石匠说：'我的确能把石灰砍下来，可惜，我砍的郢都人已经死了，我再也找不到他那样的人了。'同样，自惠子死后，再也没有谁能和我谈天论地了。"对嵇康来说，他自己就是那个郢都人，东野子就是那个石匠。东野子不在，这琴给谁听呢？这歌给谁唱呢？这酒又和谁喝呢？东野子，你这幽人，去往何方了呢？嵇康没了兴味，收起了琴，把酒壶扔到一边……

嵇康走出官场，过起了"琴诗自乐"的日子。

这样的大才离开了朝廷，当然可惜。大将军司马昭要聘他为幕府属官,他辞掉了;司隶校尉钟会前去请他,他拒绝了;他的好友山涛(字巨源)举荐他代替自己出任尚书吏部郎,嵇康发怒了,挥笔写下《与山巨源绝交书》:

听说您要高升了,我感到忧虑,怕是因为您不好意思独自做官,因此把我也拉上一起做官,就好像您做了厨子,不好意思一个人剁肉,让我也跟着剁,沾点膻腥味。官场的腥味你去沾吧,不要拉上我。

老子、庄子虽然地位低下,但却是我要学习的人;柳下惠、东方朔通达超脱,安于贱职,我怎敢妄议他们。尧舜做皇帝,许由归隐山林,张良辅佐汉王朝,接舆规劝孔子归隐,他们看上去行事不同,但处世之道是一样的。君子走的路虽各有不同,但目的都是相同的,都在顺着本心做事,最终自有心灵的归宿。有的人为了俸禄,走进朝廷就不出来了;有的人为了名声,走进山林就不回来了。我读了老子和庄子,不再想做官的事了,就放任性情了。麋鹿,如果从小就被捕捉并对其加以驯服,那它就只会服从管教了。如果待它长大了,再加以束缚,它就会疯狂得乱蹦乱跳,要挣脱捆缚它的绳索,为了自由宁肯赴汤蹈火。你就是给它戴上金笼头,喂它最好的饲料,它也不高兴,它还是向往山林和野草。我就是这麋鹿,我不需要谁给我戴上"金笼头"——官帽,也不需要谁给我丰厚的俸禄——饲料,我就想自由自在地生活。

我是不适合做官的。

我喜欢睡懒觉,做官以后,差役就会按时把我叫醒,这是我不能忍受的。

我喜欢琴诗自乐,或者抱着琴边走边吟,或者去射鸟钓鱼,而做官以后,吏卒会跟在我身边,我就不能随意活动了,这是我不能忍受的。

我喜欢穿布衣,做官以后,就得穿官服,端端正正地坐在椅子上,腿都坐麻了,还不敢动一动,身上有了虱子,还不好瘙痒,怕人笑话,这是我不能忍受的。

我不喜欢写信,也不善于写信,做官以后,案头上就会堆满公文信札,都是俗事,我必须回复,不然就是有违礼仪,这是我不能忍受的。

我不喜欢吊丧,但俗世的人对这种事却特别重视,做官以后,如果不去吊丧,就会遭到非议,被人怨恨,而如果我勉强去吊丧,又违背了我的天性,这是我不能忍受的。

我不喜欢俗人,平素不与俗人来往,做官以后,就不能不和这些俗人混在一起,整日交杯换盏,疲于应酬,活在嘈杂喧闹、污浊肮脏之中,这是我不能忍受的。

我生就是不耐烦的性格,做官以后,每天都会被公务缠身,挣脱不得,这是我不能忍受的。

这是我的"七不堪"。

我常常说一些非难成汤、周武的话,对周公、孔子也是大不敬,做了官以后,我的这些话难免会传扬出去,必为世俗礼教所不容,成为众矢之的,这就成为我不可以做的事。

我生性倔犟,嫉恶如仇,有话就说,这也将成为我不可以做的事。

这是我的"二不可"。

一旦做了官,我就有了这"七不堪"和"二不可",我就不会快乐了,就会生病,就会减寿。你让我出来做官,岂不是害我!

人与人成为好朋友,重要的是了解彼此的天性。你不要因为自己喜欢华丽的帽子,就把它强扣在别人头上;不要因为自己嗜好腐烂的食物,就用死老鼠喂养鸳雏。你不要把我逼上绝境。你要是急着把我招去做官,我会发疯的。咱俩没怨没仇,你不至于此吧!我的意思已经说清楚了,咱俩从此绝交。

与其说这是嵇康和好友的绝交书,倒不如说是他和官场的绝交书。如果只是和一个人绝交,何用如此多的笔墨,只要一句话足以。嵇康用《与山巨源绝交书》明确表达了自己对官场的态度。在他看来,官场就是一个龌龊之地、"不堪"之所,要想清白做人,就必须远离官场。《与山巨源绝交书》也是嵇康的"交友书",它规定着交友的标准、指导着交友的方式、提升着交友的品位。《与山巨源绝交书》是交友的教科书。

嵇康憎恶官场,却改变不了官场,他对官场是无奈的。他可以拒绝山涛的推荐,远离官场,却阻止不了其他人走进官场的脚步。他能做的,就是管好自己,让自己做一个自由的人,一个超脱的人。他"非汤武而薄周孔",因为他们治不了乱世;他心向老庄,因为他们可以治得了个人。不能济世,"济"自己还不行吗?

于是,他倾心养生。

怎么养生?

嵇康的养生就是养心、养神。神可以不死,人可以活到120

岁。但人怎么才能养生呢？这就要养神。神是形骸的统御者，是形骸的国君。神定,则形定;神散,则形散。爱憎喜忧都是伤情的,心里不要有这些情绪。名誉、地位,是对道德的伤害,因此不要追求它。嵇康看出,精神的健康是长寿的保证。因此,他的养生之道就是养神之道。为此,嵇康将人的内心与外界隔断,构建起一个非世俗的生存空间。这不是对世俗世界的躲避,而是一种顽强的对抗,用恬淡对抗浮躁,用真实对抗虚假,用自然对抗造作,用高洁对抗龌龊。在对抗中解放自己,获得快感。

嵇康抚琴,亦是养神。琴声是一种超世俗的语言,嵇康抚琴,就是在用这种语言与社会对话。

似乎,抚琴还不能完全抒发嵇康的胸臆,他又找到了一种陶冶情操、颐养神志的生活方式：打铁。

三

洛阳城郊,一棵大树下,嵇康支起了铁匠炉,挥起了铁锤。

嵇康爱上了打铁。他喜欢听铁锤与砧板的撞击声,那如同美妙的乐曲。他喜欢看铁锤下四溅的火星,那如同节日的烟花。

炉火熊熊,铁锤叮当。

一个思想家、音乐家、文学家来打铁,这铁打得必然非同凡响。

嵇康用铁锤击打着黑暗。每天他都在黎明时分,举起铁锤,一锤一锤地击打着,打得东方发白,打得太阳升起。

嵇康用铁锤击打着死寂。铁锤落下,摇撼着沉睡的大地,唤醒着林中的飞鸟。

嵇康用铁锤击打着寒冬。他光着膀子,抡起铁锤,砸开了厚厚的冰层,看河水东流,听水声哗哗。

嵇康用铁锤谱写着生活的乐章。旋律激越,曲调铿锵。"原生态"的曲谱,有几分粗狂,几分苍凉。

嵇康用铁锤吟哦。铁锤如笔,记录着他如潮的心绪,书写着炽热的诗行。

炉火熊熊,铁锤叮当。

在抡锤击打中,嵇康获得了一种荡气回肠的快感。铁锤击打着他胸中的块垒,他感到身心通透。

打铁,嵇康打得天地合一、形神相亲。

打铁,是嵇康的一种说话方式。铁锤声声,是嵇康的语言。他要对世界表达的一切思想情绪,一切喜怒哀乐,都在这锤声里。如同苏门山的孙登,所有的道法都在他的一声长啸之中。嵇康的这种语言,真正是"大音希声",能听懂他的没有几人。所有听不懂的人,都不懂一个大文人为何不静坐书房,而光着膀子、满脸污渍地打铁,因此看一阵热闹后,便离他远去。只有好友向秀听得懂他,经常来到大树下帮他打铁,一声不吭。

嵇康打铁,打得专注、投入,以致有时十天半个月都忘了洗脸,真正是打得"忘我"。

钟会来了。此时的钟会,因灭蜀有功,深得司马昭赏识,被封为万户侯。他是带着好奇和叩拜的心情来的。他不理解嵇康为什么会舍弃官职而干打铁这种粗活。他想看个究竟。为了表示对嵇康的尊敬,同时也彰显一下自己的地位,他想给嵇康起一个示范作用,引得嵇康"回心转意",重返官场,为朝廷效力。他特意组织了个豪华车队,声势浩大,前来拜访。

车队来到大树下,钟会下车,恭敬地走到嵇康跟前。

嵇康看了他一眼,没有搭话,依旧抡着铁锤。

炉火熊熊,铁锤叮当。

钟会望着嵇康,铁锤击打着砧板,也敲击着他的心。在这短短的片刻中,他似乎明白了什么。他转身离去。

嵇康忽然放下铁锤,问道:"何所闻而来?何所见而去?"

钟会回头,答道:"闻所闻而来,见所见而去。"

一切都在这一问一答中。

车队远去,扬起一股黄尘。

嵇康继续抡锤打铁。

四

嵇康正在打铁,朋友吕安来找他。吕安是带着难以启齿的冤屈来找嵇康的。吕安的哥哥吕巽把吕安的妻子徐琅奸污了,徐琅羞愧难当,自缢身亡。吕安不愿家丑外扬,想把事情"冷处理",不声张,让事情过去算了。没想到,吕巽怕吕安告状,竟来了个恶人先告状,告吕安"不孝"。乱世虽乱,但绝对不能不孝。若不孝,后果是相当严重的。不孝,这个罪名足够重,足以让吕安入狱。吕安请求嵇康帮忙,证明自己的清白。嵇康与吕安和吕巽都是朋友,他为吕安作证,就会得罪吕巽;不为吕安作证,就会伤害吕安。这是两难抉择。更重要的是,吕巽与钟会关系非同一般,若嵇康搅进这个官司里,可能会招来灾祸的,司马迁之祸可是前车之鉴啊!是不是应该推辞一下,不管这"闲事",做个"局外人",得个清静呢?不,嵇康没有犹豫,他放下铁锤,拿起笔来,就给吕巽写了《与吕长悌绝交书》,痛斥吕巽的不仁不义,宣布与其绝交。然后走上公堂,为吕安作证,还其清白。而吕巽去找钟会,在官场中运作了一番,通过钟会说通了司马昭,以"不孝者同党"的罪名,将嵇康打入狱中。

铁窗冰冷,囚室阴森。嵇康躺在地上,辗转反侧。自己从小就崇奉老庄,向往着抱朴归真的生活,怎么就走到这一步了呢?记得当年去苏门山拜访孙登的时候,孙登一言不发,临别时,孙登说了一句:"子才多识寡,难乎免于今之世也。"看来,真是让他说中了。自己虽然有点才,但是不通晓世事,以致走到今天这个地步。唉,自己有什么才啊!大人物心胸广大,能藏污纳垢,容得下事。而自己呢,是个小人物,没有大人物的心胸,一点小事都容不下,难怪会有如此遭际。唉,要是能出狱,自己就在山野间采撷,在林中散步,短歌长啸,颐养天年。铁窗外,几点寒星挂在夜空,一股冷风飕飕地钻进囚室,嵇康打了个寒颤。

钟会对司马昭说:"嵇康目无礼教,扰乱人心,危害社会,不杀必为后患。"

司马昭拿起笔来,下旨:斩。

五

嵇康戴上锁枷,被兵丁押解着奔赴刑场。

一路上,无数百姓为他送行。兄长嵇喜也来了。嵇喜本来是要为嵇康活动,求司马昭收回成命,免嵇康一死的。但是嵇康拒绝了,他觉得不值。

刑场上忽然来了几千名太学生,他们跪在地上,请求刀下留人,让嵇康活下去,做太学生们的老师。

行刑官被感动了,说:"你们等等,我去禀奏。"

人们望着嵇康,望着这颗"孤松",望着这座"玉山"。多美的美男子啊!即使是身披锁枷,披头散发,依然是那么俊朗潇洒,那么英气逼人。

人们在等待,等待最后的希望。

人们在祈祷,祈祷雨过天晴。

行刑官回来了,脸上是无奈又冷峻的表情:"斩!"

绝望激起了愤怒,人们喧闹起来。

兵士们挥着刀枪维持秩序。

嵇喜泪流满面。

嵇康面色沉静,轻轻地对嵇喜说:"时间还有,你回家把我的琴拿来,我要奏《广陵散》。"

嵇喜很快把琴拿来了。

嵇康拿着琴走上行刑的高台,坐下,对人们说:"我给大家奏一曲《广陵散》吧。"

刑场顿时寂静无声。

琴声响起。

啊,这是一首怎样的神曲啊!好像是从云中飘来,好像是清风在弹奏。从来没有人听到过这样的旋律。人们忘了这是刑场,听得如痴如醉。

《广陵散》是一个神秘的隐士传给嵇康的,他只给嵇康弹奏了一遍,嵇康便把曲谱牢记于心。隐士嘱咐他:"不要外传,除非你遇到能听懂它的人。"说罢,就走了,从此无影无踪。

嵇康没有外传,因为他知道,《广陵散》不是俗世的"流行音乐",而是"人间哪得几回闻"的天籁之音。

今天,他要走了,让世人知道有一曲《广陵散》吧。

弹到最后一个音符,琴弦"砰"的一声,断了。

嵇康叹道:"《广陵散》于今绝矣!"

刽子手的屠刀向嵇康砍去,头颅落地,血花四溅。

《广陵散》虽绝,但嵇康并不遗憾,因为他终于让世人听到了《广陵散》,虽然,只有他一个人能听得懂。

田 园 之 乐

归去来兮,田园将芜胡不归!

——《归去来兮辞》

一

陶潜,字渊明,浔阳柴桑人,生于365年,卒于427年。

《宋书·陶潜传》称:"潜少有高趣",趣,情趣、志趣、高趣,当是说陶渊明"高于常人的情趣、志趣"。可想而知,陶渊明是一个有学识、有志向、有情趣的人,也应该是有一番作为的人。

陶渊明是有大志的。少壮时,他志比鲲鹏,以直上九霄为乐。

他不仅有"猛志",而且崇尚英雄。陶渊明的诗词中浓墨重彩歌颂的英雄只有一个:荆轲。

自西汉以降,儒学成为中国的大一统之学,"子曰"之音琅琅于学堂,笼罩人心。儒学出仕入相的教化,牵引着学子的精神指向,士子无不以济世为人生圭臬,志在仕进,求取功名。

陶渊明的文化底色是儒学,抱负在仕途。但是,他身为平民,没有入仕的出口,因此只得在乡村躬身耕作,过"日出而作,日落而息,帝力于我何有哉"的农人生活。这显然是"虚度年华"。更重要、更现实的是,陶渊明耕作的结果是贫困、饥饿,常常食不果腹,"家贫,耕植不足以自给"(《归去来兮辞》)。为了摆脱贫困,吃饱肚子,陶渊明就想从庄稼地里挣脱出去,在衙门里找个差事。亲戚朋友们也劝他出去谋事,"改变命运"。在叔叔的帮助下,陶渊明终于在年近30的时候,找到了一个差事:江州祭酒。祭酒与酒无关,掌管着兵、贼、仓、户、水、铠等部门,是个"肥差"。陶渊明解决了温饱问题,也不再受躬耕之累,日子过得很是松快。

但是没过多久,陶渊明就对这种生活不适应了,原因是他和上司志趣不合,"道不同,不相为谋",他写了封辞职信,便回家了。

回到家后,陶渊明又拿起了锄头、铁锨,翻耕土地,过起了躬耕生活。

陶渊明回到家里,起先还有亲切感,又拿起熟悉的农具了,又闻到熟悉的土香味儿了,"月是故乡圆"啊!但是没过多久,办公室与田间的落差就显现出来了,与田间比,办公室要舒服得多啊。他为自己的任性而感到后悔,找到一个"公职"多不容易啊,怎么就这么一下子舍弃了呢?子曰"三十而立",自己怎么立不起来呢?正在郁闷中,上面派人来请他回去,并给他安排了更高一级的职位:江州主簿。

得到这样一份公干,陶渊明当然高兴。他没怎么推辞,就赴任了。

江州主簿地位虽高,却是个闲职,相当于"顾问"。整日无事,只是闲坐。没有谁不把他放在眼里,也没有谁把他放在眼里。空虚、无聊、落寞、孤独、枯燥……陶渊明感受到了"尸位素餐"的滋味。月明星稀,独守一隅,董仲舒的《士不遇赋》涌上心头:

啊,多么长久,多么遥远!时运来得迟,走得快,怎么如此不济呢?违背内心跟从他人,不是我们这种人的做法。正身修己,岁月流逝,行将就木,何时才会醒悟呢?这么过下去,有什么意义呢?心中忧伤,不再企盼利禄了。这样下去,只能给自己增加耻辱。愈想有所作为,愈是事与愿违。干脆足不出户,就不会有什么过失了。

陶渊明望着星空。难道现在不是该懂得悔悟的时候吗?再想想,自己似乎还不如董仲舒。董仲舒是主动进取,连受挫折,以不出户而求无过。而自己是连进取受挫的机会都没有。当年,司马迁也有此心境,所以写下了《悲士不遇赋》:

可悲啊,生不逢时,惭愧难当,顾影自怜。总在约束自己的言行,使之合乎礼,深恐默默无闻、一事无成。自信才高,但世情不正。虽有形象却不能彰显于世,空有才能却无以展示于人。岁月悠悠,我只能屈而不伸。籍籍无名,古人是以为耻的。朝闻道,夕死可矣,谁说不是呢!顺逆是循环往复的,忽起忽落。没有人能事先造福,也没有人一开始就遇到祸事。都付诸自然吧,最终都要归于一体的。

陶渊明长叹了一口气。默默无闻地活着,自古以来就是一件令人羞耻的事啊!司马迁之所以宁愿受腐刑,也要活下来写

《史记》,不就是为了留名于世吗?倘若当初司马迁在写出《史记》之前被杀了,也就白活了一辈子,那才叫羞耻呢。有了《史记》,司马迁没有白活,得了旷世之誉。而自己呢?如此下去,只能是"没世无闻"了,有何颜面得见亲朋好友呢?要想干出一番事业,就要"遇","不遇"就没有施展的空间,就没有展示的舞台。董仲舒、司马迁叹的就是"不遇",这不是和自己现在的处境一样吗?

陶渊明拿起笔来,写下《感士不遇赋》:

昔日,董仲舒写过《士不遇赋》,后来司马迁也写了《悲士不遇赋》,我在闲暇之时读了他们这两篇赋,感慨哀伤不已。胸怀大志、有济世之才的士人,风华正茂,却被迫隐居了;品行高洁、操守极佳的人,却最终空忙一场。悲哉!贤才没有赶上炎帝、帝魁之世,被埋没了。宁固守贫穷,也不委屈自己。我要坚守自己的品格,决不出卖灵魂。

《士不遇赋》《悲士不遇赋》《感士不遇赋》,一脉相承,一唱三叹。

陶渊明联想董仲舒、司马迁,感叹自己生不逢时,自是满腹惆怅。难道就在这里虚度光阴吗?难道就在这里委屈自己吗?算了吧,何必呢?宁肯穷一点,也比闲着无聊好。走!

陶渊明跟他的上司打了声招呼,甩手就走了,又回到村里,过起了耕作生活。这次,他的心算是定了下来,两次"出仕",让他尝到了那种无聊的滋味。与之相比,农耕生活虽然辛苦、劳累,但是很充实、很真实。一分耕耘,一分收获,春种秋收,我食我粟,心有所安,何乐不为。

不幸的是,陶渊明的妻子忽然生了重病,四处求医问药,花了不少钱,最终还是走了。中年丧妻,不仅给陶渊明带来伤痛,而且让他欠下不少债。他再婚,又添了几个孩子,生活负担陡然加重,光靠种地很难养家糊口,陶渊明有些吃不消了。

正在发愁,工作找上门来了。东晋大司马桓温的儿子、大将军桓玄礼聘陶渊明到军中任职。这正好为陶渊明的"无米之炊"带来了"米",陶渊明欣然接受,前去赴任。

桓玄手握重兵,便起了篡位之心,自己也想当皇帝。为了营造登基的气氛,就派人四处散布说他的辖区有祥瑞之气,将来必是龙袍加身之地。魏晋以来,豪强争霸,已成常态。对此,陶渊明采取旁观的态度。他做官,只是为了一份俸禄,补贴家用,使家人免受饥寒之苦,至于谁当皇上,与自己没什么关系。因此,他对桓玄的行为保持"局外人"的态度,对那些为桓玄张目的人很是不屑,他想逍遥于事外。没想到,桓玄竟派他也去四处散布,充当桓玄篡位的马前卒。这就触碰了陶渊明的精神红线。怎么办?当面拒绝,会招惹麻烦,如不拒绝,则会蒙羞于己。正在这时,陶渊明的母亲去世了,他立刻以此为由,辞掉了官职,离桓玄而去。及至丁忧期满之时,桓玄被刘裕所杀,其同党也被"严肃处理"。因为没有参与桓玄的篡位活动,陶渊明躲过一劫。

刘裕对陶渊明的"大节不亏"很是赏识,便请他当参军。此时,陶渊明已经快 40 岁了。"四十无闻,斯不足惧"(《荣木》),陶渊明抖擞精神,接受了刘裕的礼聘。40 岁,正值壮年,是该有所作为的年纪。陶渊明对这次赴任,是有所希冀的,是想干出点样子来的。路虽遥远,岂敢不至。名车宝马都已备齐,扬鞭策马奔驰而去……

然事与愿违。陶渊明虽做了参军,却不过是幕僚而已,徒有虚名,每日陷于君臣之礼、同僚倾轧之中。这当然与陶渊明的性情不符。寂寥中,陶渊明独自吟哦:

行止千万端,谁知非与是。
是非苟相形,雷同共誉毁。(《饮酒·其六》)

这是对官场的厌倦。争来争去,你能说出谁是谁非吗?是非混在一起,毁誉也搅合在一起,就无所谓毁,也无所谓誉了。什么是人,什么是鬼,什么是君子,什么是小人,说不清楚了。这样下去,有什么意思呢?

陶渊明再次陷入对仕途的反思。为什么要离家出走,在仕途上蹉跎岁月呢?不就是为了不挨饿,吃饱饭吗?只要进了衙门,马上就能吃得饱饱的,"倾身营一饱,少许便有余"(《饮酒诗·其十》)。可是,为了"营一饱"而终日委屈自己、消磨自己、作践自己、麻醉自己,值吗?这样下去,恐怕还不如回家呢。

回家的念头又一次在陶渊明脑子里打转。

就在这时,离陶渊明家乡很近的彭泽县出缺,经人举荐,陶渊明就做了彭泽县令。县令官虽不大,但也算是"主政一方",比当幕僚强多了,待遇也高,有一百亩公田,随便耕种,收成归己,这是陶渊明仕途上最美的差事。

陶渊明上任两个多月时,上面要来检查工作。来人是个督邮,督邮是太守的代表,专门负责检查指导各地工作,地位不高,权力很大,可以向太守奏本,各地官员都不敢怠慢他。陶渊明整日身穿布衣,行走在田间地头、茶坊酒肆,现场办公,彭泽政通人和,百姓交口称赞。督邮来了,陶渊明习惯性地穿着便装去见。手下人提醒道:"大人,您得穿官服去见督邮。"陶渊明问:"为什么?"手下人说:"这个督邮架子很大,谁要是不好好伺候他,他就要训斥谁,还要到太守那奏本,您不可大意,还是穿上官服吧。"陶渊明说:"督邮是来检查工作,又不是检查衣服,不必了。"就这样他穿着便装见了督邮。督邮一见,果然不悦,对陶渊明的工作百般挑剔,横加指责。陶渊明大怒,拍案而起:"我不为五斗米折腰,这个官我不做了!"说罢,把官印扔给督邮,拂袖而去。

一个声音在召唤着他:"归去来兮!"

二

走在回乡的路上,陶渊明感到浑身轻松。这是卸掉了精神缧绁的轻松,这是迷途知返的快乐。还没有回到村里,那方宅、草屋、炊烟,就已经出现在他的眼前了,鸡鸣狗吠的声音就已经在耳边回响了,心就仿佛从樊笼里跳出来了。

少无适俗韵,性本爱丘山。误落尘网中,一去三十年。
羁鸟恋旧林,池鱼思故渊。开荒南野际,守拙归园田。

方宅十余亩,草屋八九间。榆柳荫后檐,桃李罗堂前。暧暧远人村,依依墟里烟。狗吠深巷中,鸡鸣桑树颠。户庭无尘杂,虚室有余闲。久在樊笼里,复得返自然。

(《归园田居·其一》)

从祭酒到县令,陶渊明的仕途只有 10 年,而他却说是 30 年。这"三十年"不是时间的长度,而是心理的长度。把 10 年说成 30 年,可见对他来说,仕途是何等漫长,何等难熬。官场对他来说,就是尘网,就是樊笼,它扼杀着他自由的人性,扼杀着他旷达的天性。虽然搬出草房,住进了府衙,却浑身沾满了俗尘;虽然有酒有肉,吃得很饱,但把自己变成了被人喂养的笼中之鸟。这是得不偿失的,是人生的大失败。这"三十年",府衙多了一个吃闲饭的,世间却少了一个陶渊明。

一切都应该结束了。

归去来兮,田园将芜胡不归!既自以心为形役,奚惆怅而独悲!悟已往之不谏,知来者之可追。实迷途其未远,觉今是而昨非。(《归去来兮辞》)

田园要荒芜了,为什么不回?该回去了!悲哀的是,这么多年来,心竟然被躯体役使。过去的就让他过去吧,未来一定要把握住,不能再误入迷途。从现在做起,还不晚,还来得及。每天都在忙,但不知在忙什么;每天都在斗,但不知在斗什么;每天都在走,但不知路在何方。走了"三十年",终于回来了。此刻,是人生的起点;回家的路,是应走的正途。

归去来兮,请息交以绝游。世与我而相遗,复驾言兮焉求!(《归去来兮辞》)

回来了!我要和世俗断绝交往。这俗世与我相悖,我对它还有什么希求啊!

陶渊明与官场彻底绝交了。这个世界与他是相违的、格格不入的,何必驾车出去呢?有什么看头!就要到家了,与亲朋好友聚拢在一起,说点知心话,多高兴啊。弹弹琴、读读书,哪有什么忧愁。老乡们招呼着:"开春了,该去西边的地里耕种了。"山路弯弯,泉水淙淙,花红柳绿,空谷回声。脚踏生机勃发的大地,头顶白云舒卷的蓝天,回到淳朴的乡亲们中间,这才是真正的生活啊。唉,可惜有点晚了,要是一开始就这样多好啊。

富贵非吾愿,帝乡不可期。怀良辰以孤往,或植杖而耘耔。登东皋以舒啸,临清流而赋诗。聊乘化以归尽,乐夫天命复奚疑!(《归去来兮辞》)

陶渊明追问自己:你追求过富贵吗?没有,富贵从来不是自己的人生目标;你追求过帝王宫阙吗?没有,自己从来没有那样的奢望。自己的本心就是追求自然、朴拙,自己的性情就是超脱"俗韵",既然如此,何必在官场周旋呢?回到家里,独自走走,干干农活,登高长啸,临水吟诗,岂不美哉!与自然同生死,不很好吗?还有什么可犹疑的!

在官场颠簸了"三十年",陶渊明最终选择了放弃。这是迷途知返的彻悟,这是知过、悔过的救赎。

《归去来兮辞》,是陶渊明与世俗绝交的宣言书。

三

有个渔夫,靠捕鱼为生。有一天,他划着船去打鱼。船越划越远,不知不觉中看到了一片桃花林。桃花林两边是溪水,花朵繁茂,青草芬芳。渔夫很惊异,以前没有见过这个地方啊。再向前划去,就到了桃花林的尽头,这里正是溪水的源头。一座山横在面前,隐约可见山上有一个小洞。渔夫下船,从洞口摸进去。

洞口很窄,仅能容他一人通过。光线很暗,脚下坑坑注注。走着走着,忽然开阔明亮起来。眼前呈现出一大片平坦宽广的土地,整齐的房舍,肥沃的农田,美丽的池塘,还有桑树、竹林、各种果树。田间的小路纵横交错,鸡鸣狗叫处处可闻。田里的人们在耕作,路上的人们在说笑。这里的男男女女和外面的人们穿的一样,没什么不同。老人慢慢悠悠,孩子蹦蹦跳跳,一派无忧无虑的景象。他们看到渔夫,便都围过来,很新奇地看着他,问他是从哪里来的,做什么的,家里有什么人,日子过得好不好。渔夫一一作了回答。有人邀请渔夫到家里作客,杀鸡、做饭、摆酒款待他。村里的人们听说来了一个客人,都来打听消息。渔夫问他们,这是什么地方,怎么来到这里的? 人们告诉他,这地方叫桃花源,祖先为了躲避秦时的战乱,就携妻带子地跑到这里了。这里和外边不通声息,安安静静。自从来到这里,就再也没有出去过。他们问渔夫现在是什么朝代? 渔夫说是魏晋。他们说自己连汉代都没听说过,更别说什么魏晋了。他们为渔夫感到惋惜,说怎么能在那么乱的地方过日子呢? 干脆来桃花源吧。这里没有府衙和皁房的区别,没有皇上和百姓的区别,大家都一样。人们每天都把渔夫请到自己的家里,拿出酒肉招待他。住了几天后,渔夫要走了。大家为他送行。他说:"桃花源真是个好地方啊!"人们对他说:"不值得对外面的人讲啊!"

走出桃花源,渔夫顺原路返回。因为怕再来时找不到路,他在路上做了一些标记。到了郡城,向太守作了报告。太守很惊讶,说:"还有这等去处? 带我去看看这桃花源。"他领着太守沿着原路去寻找,却再也没有找到桃花源。

这渔夫就是陶渊明。

桃花源是陶渊明的"理想国"。

从桃花源出来,陶渊明再也没有找到桃花源。这不要紧,陶渊明不是要躯壳在桃花源,而是要心在桃花源。他说得明白:

结庐在人境,而无车马喧。
问君何能尔? 心远地自偏。(《饮酒·其五》)

只要"心远"了,到处都是桃花源。

四

生活在心中的"桃花源"里,陶渊明找到了"羽化成仙"的感觉。似乎忘了自己从何而来,也忘了身处何地,不知道什么是贫寒,也不知道什么是富贵。只知道逍遥,只知道尽享隔世之乐。

40岁辞官回乡,63岁去世。陶渊明用23年的时间,洗去了尘世的污渍,回归了自己的天性。他似乎觉得"陶渊明"这个名字都不是很纯了,因为它曾经沾染过世间的尘泥,因此给自己起了一个新的名字——五柳先生,并作《五柳先生传》:

先生不知何许人也,亦不详其姓字。宅边有五柳树,因以为号焉。闲静少言,不慕荣利;好读书,不求甚解,每有会意,便欣然忘食。……常著文章自娱,颇示己志。忘怀得失,以此自终。

"五柳先生"者,陶渊明也。

陶渊明,桃花源中人。

天地一诗仙

安能摧眉折腰事权贵,使我不得开心颜!

——《梦游天姥吟留别》

一

李白，701年生于西域碎叶城。

李白相貌迥异于凡人，身有卓然之气。有位进士名叫魏万，慕李白之名，千里寻踪，终于见到了李白，称其貌："眸子炯然，哆如饿虎，或时束带，风流缊藉。"一副浪漫不羁的样子。久负盛名的老诗人贺知章初见李白，禁不住惊呼："这哪里是人间之人啊，这不是天上下界的仙人吗！"

李白爱剑。很小的时候，他就练剑，练出了一身豪气、胆气、志气。他剑不离身，总是在腰间佩着剑，行走于街市上。一方山水，一方性格。西域，辽阔苍茫、豪壮狂放。它赋予了李白"任侠"的性格。

笑尽一杯酒，杀人都市中。（《结客少年场行》）

啊，摇摇晃晃地在都市的大街上喝酒，一杯进肚，拔出剑来，就把迎面而来的人杀了。

十步杀一人,千里不留行。
事了拂衣去,深藏身与名。(《侠客行》)

何等霸气的剑客!这是李白吗?李白怎么还会杀人呢?

李白没有杀过人,剑上无血。诗言志,李白的"杀人"是胸中的义气,是义气的诗化。他腰间佩戴的是剑,心中奔腾的是诗。

与剑术相比,李白的骈文更显早熟,"五岁诵六甲,十岁观百家"。南朝文学家江淹曾经写过一篇《恨赋》,以秦始皇、赵王迁、李陵、王昭君、冯衍、嵇康六人的身世为例,慨叹世事多艰,尽写"自古皆有死,目不饮恨而吞声"的无奈与悲凉。涉世未深,尚不知愁滋味的李白竟然"临摹"了一篇《拟恨赋》,以汉高祖、楚霸王、荆轲、陈皇后、屈原、李斯六人的身世为例,发思古之幽情。读来让人惊讶:

晨登太山,一望蒿里。松楸骨寒,宿草坟毁。浮生可嗟,大运同此。于是仆本壮夫,慷慨不歇,仰思前贤,饮恨而殁。
……
与天道兮共尽,莫不委骨而同归。(《拟恨赋》)

在晨阳中,登上高山,驻足远望,满目荒凉。杂乱的松树、楸树中,暴露着将士的白骨,蔓草覆盖了坟茔。人生一场,虚浮如梦,堪悲堪叹,这是天地造化,万古不易。怎能不让我壮怀激烈,慷慨悲歌,追思贤达,他们都是抱恨而亡的啊!

汉高祖刘邦,策马挥剑,逐鹿中原,渤海翻波,昆仑摇撼,横扫强敌,江山一统,黄袍加身,登上高坛,威加四海,雄视八方,苍茫大地,舍我其谁!可惜一朝撒手人寰,也不过是天下人穿上白衣为他发丧而已。

西楚霸王项羽,与人争雄,气势如虹,可与日月争辉。然,纵是力拔山兮气盖世,也终是四面楚歌,垓下大败。只落得帐中舞剑,虞姬垂泪,英雄肠断,乌骓马声声嘶鸣,不忍离去。霸王自刎,江水呜咽。

荆轲赴秦,只为刺杀秦之暴君,报恩燕太子,不惜头颅轻掷。易水河边,风为之哭,水为之寒。叹图穷匕首见,壮志未酬,身首两段。

陈皇后失宠,贬入长门宫,宫门紧闭,心灰意冷,身披锦衣,内心寒彻。春去秋来,落叶飘零,忍看桃李凋谢,恨汉武情断义绝。

屈原根植南国,受命不迁,深固难徙,却遭小人诬陷,被楚王放逐,流浪浣湘。听江边的枫树呜咽,山上的猿猴哀鸣。终以汨罗江水洗却世之污浊,还自己皓白之躯。江水清澈埋忠骨,楚王昏庸究可哀。

李斯遭赵高谋害,身陷囹圄,神色黯然,当年意气今何在?被诛三族,子弟哭泣,魂飞九天。屈打成招,即刻问斩。临刑前,他拉着次子的手,长叹:"我还想和你一起牵着黄犬,走出上蔡东门,捕捉狡兔,可惜没有机会了!"

那远行的征夫呢?被迫从军,永别家乡。身在天涯,一怀愁绪,登高远眺,忽然,乌云蔽日,遮断望眼,禁不住归心似箭,浓眉紧蹙,痛彻脊骨,泪已尽,血在流。

那些官场中人呢?香车秀辇,往来穿梭,觥筹交错,歌舞升平,到头来,也终不免星沉电灭般地死去,尸身腐烂,化作一堆白骨,变成飘游的鬼魂。多少荣华富贵,都成了过眼烟云。

桂花繁盛,明月泛辉,扶桑报晓,艳阳当空。美貌终会成为腐尸遭虫豸撕咬,戏场终会曲终人散。物事总有尽时,所有的人最终都一样,白骨一堆,这是天道,天道不可违。

读这样的文字,我们禁不住要发出疑问:"一个孩子,怎么能有如此的百年叹嗟?"

李白爱游历。司马迁游历,是用脚丈量历史。李白游历,是用脚书写诗行。

游庐山,"飞流直下三千尺,疑是银河落九天"。

游荆门,"山随平野尽,江入大荒流"。

游天门山,"两岸青山相对出,孤帆一片日边来"。

游金陵凤凰台,"凤凰台上凤凰游,凤去台空江自流"。

游幽州,"燕山雪花大如席,片片吹落轩辕台"。

游黄鹤楼,"孤帆远影碧空尽,惟见长江天际流"。

游白帝城,"两岸猿声啼不住,轻舟已过万重山"。

山水楼台、平野黄沙,在李白的脚下都是诗。

然而,李白游历并不是为诗,他游的是"志"。因为"大丈夫必有四方之志",所以才"仗剑去国,辞亲远游"。腰间佩着剑去远游,游的是豪气、剑气。

李白寓居山东瑕丘,这里离曲阜不远,是儒生的"产地",每日都能见到"正宗"的儒生。这些儒生,脚上蹬着走远道的鞋,头上戴着方方正正的头巾,身上穿着宽大的衣服,慢慢腾腾地迈着四方步,还没走几步,就扇起了灰尘。李白自幼学习儒学,来到此地,怀着崇拜的心情与儒生们交往。结果,他发现,跟这些儒生谈五经的时候,他们会摇头晃脑地"子曰子曰"个不停,而一旦问起治国安邦之策,便一脸懵懂。这样的儒生不就是个会发音的书本吗?对社会有什么用呢?难怪李斯不重用儒生,这样的儒生没有用啊!当初刘邦建国,急需人才。叔孙通就去鲁地延揽儒生。没想到有几个儒生竟不肯"应聘",理由是刘邦的朝仪"不合古",有违古制。弄得叔孙通哭笑不得,讥讽他们迂腐之极,"不知时变"。李白心想,这样的儒生,还不如回家去种地呢!

羞作济南生,九十诵古文。(《赠何七判官昌浩》)

与其做皓首穷经的"济南生"(儒生的代名词),何不去金戈铁马,沙场建功呢?一辈子活在市井之中,岂能扬名?对"济南生"的不屑,自然催生了李白的济世之志。

如逢渭水猎,犹可帝王师。(《赠钱征君少阳》)

当年姜子牙在渭河垂钓,遇到西伯侯姬昌,被拜为太师,辅佐姬昌,开创周朝,使姬昌成了一代明君周文王。姜子牙成为了中国第一个"帝王师"。我若有姜子牙的渭水垂钓之幸,得到皇上赏识,被委以重任,不也能成就一番事业吗?

李白的志向露出来了:做"帝王师"!"学成文武艺,货与帝王家。"中国知识分子的志向是有等级之分的。能够像商朝的伊尹、周朝的姜子牙、汉朝的张良那样,当上宰相,辅佐君王,做"帝王师",是最高等级的志向。李白之所以看不起"济南生",就是因为他们只会死记硬背五经,没有经国济世的能力,做不了"帝王师"。李白自信有经天纬地之才,是能够做"帝王师"的。在他的心目中,孔圣人也不在话下:

我本楚狂人,凤歌笑孔丘。(《庐山谣寄卢氏御虚舟》)

下一步就要寻找通向帝王身边的门径了。

二

通向仕途的门径是科举。但是,李白不走科举之路,因为他是天马行空的,是"谪仙人",岂能走常人之路。他走的是举荐之路。他去找韩朝宗。

韩朝宗,荆州长史,人称"韩荆州"。韩朝宗喜欢发现人才、举贤任能,深得士子之心,社会上流传:"生不用封万户侯,但愿一识韩荆州。"

李白去找韩荆州,不是要"一识韩荆州",而是要让韩荆州"一识"李白。为此,他写下了《与韩荆州书》。

他告诉韩荆州,自己"虽长不满七尺,而心雄万夫",是有大志向的;他告诉韩荆州,自己是文采斐然的,不信,"请日试万言,倚马可待";他告诉韩荆州,自己"愿委身国士",为国效力;他告诉韩荆州,"人非尧舜,谁能尽善",自己也是有不足之处的。说完这些,他恳请韩荆州能举荐自己:"幸推下流,大开奖饰。"

言之凿凿,情之切切。

但不知为什么,韩荆州却未能"一识"李白。

李白只好另寻门径。

唐玄宗爱狩猎,每次狩猎都带着外国使臣。他是要用狩猎的勇猛来大扬国威,震慑四方。开元二十三年(735年),唐玄宗又在郊外狩猎。李白听说后,便赶来写了《大猎赋》,托人呈给唐玄宗,以显示自己的才能。

赋中贬汉代羽猎:"当时以为穷状极丽,迨今观之,何龌龊之甚也!"

赋中望玄宗:"大道匡君,示物周博。"

赋中赞玄宗:"惟开元廓海宇而运斗极兮,总六圣之光兮。"

赋中再赞玄宗:"虽秦皇与汉武兮,复何足以争雄!"

时间与空间交织,自然与社会相融,李白吐纳乾坤,辞彩飞扬。

他在等唐玄宗的回音。

而唐玄宗专注于狩猎,把众多的献赋抛在一边。

李白有些灰心。韩荆州不予推荐,唐玄宗置之不理,前路何在呢?

走出长安,李白独自徘徊。

天低云厚,四野茫茫。李白漫无目的地走着,不知所向。心,杂乱而迷茫。"十步杀一人,千里不留行。"当年怎么写出这样的诗句?真是少不更事啊!"羞作济南生,九十诵古文。"笑人家是济南生,可自己又如何呢?不做济南生,又能做什么呢?还想做什么"帝王师"呢,岂非痴人之梦!

一只孤雁从头顶掠过,"咕——咕——"地叫着,两只翅膀拍打着蓝天,越飞越高,直上九霄。李白的心,跟着大雁飞……

他忽然想到几年前,和渝州刺史李邕的相遇。那天,李邕与李白把盏之间,面露傲慢之色。李白随手以诗回敬:

大鹏一日同风起,扶摇直上九万里。(《上李邕》)

李邕听罢,哈哈大笑:"大鹏可直上九万里,你呢?比得了一只鸡吗?哈哈!"

唉,还想比翼大鹏,壮志冲天呢,现在连只鸡都不如,鸡还能扑腾两下翅膀呢。

不能止步。止步,就不是扶摇直上九万里的鸿鹄,而是逆风而退的燕雀了。岂不是让李邕看了笑话?

抬眼看,那只大雁已经破开云层,阳光从云罅里洒了出来。

仰天大笑出门去,我辈岂是蓬蒿人。(《南陵别儿童入京》)

李白抖落了身上的尘土,带好佩剑,整好衣冠,转回身,再次向长安进发了。

来到长安,安顿好了,李白去紫极宫转悠。一进宫,看到一群人拥着一位老者,一打听,老者竟是贺知章!此时的贺知章不仅是名满天下的诗人,而且是唐玄宗的近臣,德高言重。李白疾步上前,两手作揖,自报家门,诉说了自己的怀才不遇,并拿出自己写的《蜀道难》呈给贺知章。贺知章边看边吟:"蜀道之难,难于上青天。……一夫当关,万夫莫开,……蜀道之难,难于上青天,侧身西望长咨嗟!"吟罢,贺知章叫道:"好诗啊,好诗!"一把拉住李白的手,说:"走,跟我去见皇上!"

此时,唐玄宗闲下来,一份份地看着为他的狩猎而献上的诗文。当他看到《大猎赋》时,眼睛为之一亮,问手下:"李白是何人?"手下人说此人素有诗名,并呈上了李白的一些诗作。唐玄宗看着,简直不敢相信世间竟有这等奇才,便要见一下李白。

李白来了。

唐玄宗亲自在宫门口迎接,"以七宝床赐食于前,亲手调羹"。

李白得此礼遇,当然高兴,酒喝得痛快,话说得畅快。

唐玄宗问以政事、国事、文事、史事,李白侃侃而谈,对答如流。

酒喝完了,话说完了,唐玄宗给李白戴了一顶官帽:翰林供奉。

李白很高兴,自觉离做"帝王师"不远了。

三

翰林分为两种,一种是翰林学士,职责是起草诏书,为皇上出谋划策,参与机要,具有实权;一种是翰林供奉,职责就是陪着皇帝游乐。

唐玄宗就是要李白陪着自己玩儿。每有宴会,或出去郊游时,唐玄宗都要李白陪同。兴之所至,唐玄宗就当场命题,要李白吟诗作赋,以为助兴。

用李白的傲世之才来娱乐,唐玄宗玩得太奢侈了,无异于暴殄天物。

李白忍耐着,等待着时机。他想总有一天,唐玄宗会让他参与政事的。李白深知能够得到"翰林供奉"这样一个职位,是多么不容易。因此,不能意气用事,不能因小失大。从翰林供奉到翰林学士只有一步之遥了,李白想在忍耐中完成从翰林供奉到翰林学士的"过渡"。

一日,唐玄宗和杨贵妃在宫中行乐,一群宫女妖娆妩媚,舞姿翩翩。玄宗要李白作诗。

李白随口便道:

小小生金屋,盈盈在紫微。

山花插宝髻,石竹绣罗衣。

每出深宫里,常随步辇归。

只愁歌舞散,化作彩云飞。(《宫中行乐词》)

这些宫女从小就来到宫里,发髻上插着山花,身穿绣着石竹图案的罗绮,常在皇上面前展现曼妙的舞姿,总是跟随皇上的车辇出入宫中。她们就怕哪一天歌舞完了,皇上把自己逐出宫,从此再也见不到皇上,化作彩云飞走了。

唐玄宗听罢,与杨贵妃对笑。杨贵妃笑道:"好诗好诗!"说罢,赐李白锦袍。

又一日,唐玄宗又和杨贵妃在宫内游玩,命李白作诗。

李白当即吟道:

柳色黄金嫩,梨花白雪香。

玉楼巢翡翠,金殿锁鸳鸯。

选妓随雕辇,征歌出洞房。

宫中谁第一,飞燕在昭阳。(《宫中行乐词》)

春天到了,杨柳吐蕊,色泽金黄,梨花绽放,雪白芬芳。宫中的楼阁上,翡翠鸟在筑巢,殿前的池水中,鸳鸯在徜徉自喜。皇上从宫中选几个歌妓随驾出游,可谁是宫中最好的呢? 当然是昭阳殿的赵飞燕了。

唐玄宗听罢,问杨贵妃:"此诗如何?"以汉代美女赵飞燕入诗,比拟杨贵妃,杨贵妃自然高兴,笑道:"不错不错!"又赐李白礼物。

回到家中，李白把玄宗所赐之物扔到一边。看着这些东西，他感到很不舒服。他写的不是他想写的，他得到的也不是他想得到的。

天宝二年，兴庆池的牡丹盛开，唐玄宗携杨贵妃赏花，李白随行。这当然又免不了让李白作诗。

李白接过笔砚，草书一首《清平调》：

云想衣裳花想容，春风拂槛露华浓。
若非群玉山头见，会向瑶台月下逢。

美人国色天香，若是在群玉山见不到的话，就只能在瑶台月下见到了。

唐玄宗边看边吟，觉得还不过瘾，说："再写一首！"

李白拿起笔起来，又写一首：

一枝红艳露凝香，云雨巫山枉断肠。
借问汉宫谁得似，可怜飞燕倚新妆。（《清平调·其二》）

在杨贵妃面前，汉成帝的皇后赵飞燕只能靠浓妆艳抹来与之争艳。杨贵妃看后，很是得意，说道："真是越写越好，可否再来一首？"

李白接着写第三首：

名花倾国两相欢,长得君王带笑看。

解释春风无限恨,沉香亭北倚栏杆。(《清平调·其三》)

杨贵妃之美,倾国倾城,玄宗笑着看不够。两人倚着沉香亭的栏杆,多少怅惘都被春风吹散。

唐玄宗和杨贵妃看罢,相对而笑,款步徐行,继续赏花。

李白望着他们的背影,停下脚步。他不想跟着玄宗走了。

李白感到自己离"帝王师"越来越远了。他没想到,那个有"四方之志"的自己,竟成了陪人取乐的无聊文人,太耻辱了!

李白向唐玄宗递交了辞呈。

唐玄宗感到意外,约谈李白。

唐玄宗问:"你为什么要走呢?是朕怠慢你了吗?"

李白说:"你没有怠慢我,只是用错了我。"

唐玄宗说:"用错了你?你是诗人,我让你写诗,如何用错?"

李白说:"你让我写诗,可是我写的不是诗。"

唐玄宗说:"不是诗?不是诗是什么?"

李白说:"那不过是行乞之词。"

唐玄宗说:"你还是留在宫里吧,布衣之苦你是知道的。"

李白说:"再在这宫里呆下去,世上就没有李白了。"

唐玄宗没有听懂。他弄不懂宫里的李白和世上的李白有什么不同。

唐玄宗不再说什么,"赐金放还"。

放还,让蓝鲸重回大海;放还,让大鹏再上云天。

李白走出长安,回头一望,仰天大笑:

安能摧眉折腰事权贵,使我不得开心颜!
(《梦游天姥吟留别》)

纵马而去,身后留下一股黄尘。

四

李白回来了,又回到了宽厚的大地上。

山高水远,风轻云淡。

一路走,一路诗。

李白来到桃花潭,好友汪伦好酒相待。两人大醉,及至天明,汪伦仍不醒。李白悄悄起身,乘船离开。船到水中央,忽然听到岸上起了歌声,一看,是汪伦赶来送行。李白挥手,汪伦也在挥手。李白心中一热,轻声吟诵:

李白乘舟将欲行,忽闻岸上踏歌声。

桃花潭水深千尺,不及汪伦送我情。(《赠汪伦》)

宫里没有汪伦,李白写不出这样的诗很久了。

李白路遇身为侍御的韦黄裳。韦黄裳,谄媚之人,善逢迎巴结,他设宴招待李白,对李白的辞官很不理解,劝李白识时务,以保荣华富贵。李白不屑,以诗相告:

愿君学长松,慎勿作桃李。

受屈不改心,然后知君子。(《赠韦侍御黄裳二首》)

三年的宫廷生活,使李白懂得了什么是桃李,什么是长松;什么是受屈,什么是君子。李白知道,韦黄裳是不会听进去这些话的。这些话,是自己说给自己的。离开宫廷,李白完成了从"桃李"到"长松"、从受屈到君子的跨越,犹如凤凰涅槃,犹如浴火重生。

再往前走,李白来到了金陵,见到好友崔成甫。崔成甫原为监察御史,因事被贬至湘阴,心情郁闷。二人,一个辞官,一个遭贬,碰到一起,自有话说。

崔成甫说:

我是潇湘放逐臣,君辞明主汉江滨。

天外常求太白老,金陵捉得酒仙人。(《赠李十二白》)

把李白比作太白星、酒仙人,崔成甫对李白尊崇有加。

李白答:

严陵不从万乘游,归卧空山钓碧流。

自是客星辞帝座,元非太白醉扬州。(《酬崔侍御》)

严陵就是严子陵,汉光武帝刘秀的同学。刘秀当了皇帝,请严子陵与其同游,严子陵不愿意做他的随从,隐姓埋名,归隐于富春山。

李白自比严陵,走出帝王宫阙,谦称自己并非太白星。

崔成甫在失意颓丧中,终于在金陵"捉"到了酒仙,找到了知音。

李白便开导崔成甫要想得开一些,要像雉一样活着,宁肯死在野草中,也不在黄金笼里求生。"乍向草中耿介死,不求黄金笼下生。"(《雉子斑》)

崔成甫的境遇是被迫的,李白的境遇是自找的。崔成甫心存块垒,李白乐得其所。

拾级而上,登上金陵凤凰台。凭栏远眺,万里江山尽收眼底,千古风流奔涌心头。只是,哪里见得到孙权的宫阙?或许,远处那座破旧的楼台就是?哪里看得到东晋文学家郭璞的衣冠冢?或许,那个长满荒草的土丘就是?而长安又在哪里呢?

心,又回到了长安。愁,四方之志不得在长安伸展;愁,歌舞升平中不知长安是否有路可走。愁中有恨,愁中有忧。恨的是人,忧的是国。

离开金陵,奔向黄河。

一见黄河,李白就激情澎湃:

君不见黄河之水天上来,奔流到海不复回。(《将进酒》)

在人们的眼里,黄河之水是在地上流的,谁见过黄河之水天上来?只有李白看见了。因为,他是仙,是诗仙。李白一身仙气,挽黄河之水从天而来。

天生我材必有用,千金散尽还复来。(《将进酒》)

走出帝王的宫阙,世上有了李白。
762年,李白死于当涂。死前,作《临终歌》:

大鹏飞兮振八裔,中天摧兮力不济。
馀风激兮万世,游扶桑兮挂石袂。
后人得之传此,仲尼亡兮谁为出涕?

大鹏振翅飞过四野八荒,飞到半空却因力不济而摧折了。它的精神可以激励万世,快飞到太阳升起的地方了,却被树枝挂住了左袖。后人得知这个消息,四处奔走相告,仲尼死了,有谁还能为我哭泣?

虽死,仍自比鲲鹏,不输仲尼。

不 平 则 鸣

凡出乎口而为声者,其皆有弗平者乎!

——《送孟东野序》

一

韩愈,字退之,768年生于河南河阳,卒于824年12月25日。

韩愈连续三次考进士,没有考上。792年,第四次考上了,时年24岁的韩愈,风华正茂。考上进士,只是他走向仕途的第一步,还有更重要的一步:吏部的博学宏词科考试。只有通过了博学宏词科考试,才能被授予官职,正式进入仕途。考进士,考的是四书五经、诗文辞章。而博学宏词科考的是施政方略、为官之道。韩愈自觉有济世之才,而非腐儒一个,因此对博学宏词科考试充满信心。

四年后,韩愈走进了博学宏词科考场。笔试,轻松自如;口试,对答如流。走出考场,蓝天白云,风清气爽。韩愈想起了嫂子。韩愈3岁时,父亲去世,是兄长韩会和嫂子把他拉扯大的。韩会因病去世后,韩愈更是靠嫂子抚养,才完成学业,考取进士。他决心这次考完博学宏词科,有了官职后,一定要好好回报嫂子!

期待中,博学宏词科张榜了。韩愈落榜!

看着榜单,韩愈失落至极,脑子里一片空白。自己答得那么好,怎么会落榜呢?他呆呆地站着,半天缓不过劲来。他开导着自己、安慰着自己、纾解着自己,渐渐地从茫然、郁闷中走出来。博学宏词科就是比进士难考,落榜很正常。没关系,再来!

就在此时,兄嫂去世了。韩愈含泪赶回河阳,为兄嫂守丧 5 个月。

第三年,韩愈重返长安,再次参加博学宏词科考试。失败。

第四年,韩愈又一次参加博学宏词科考试。韩愈发现,与考进士不同,博学宏词科考试,考官的"主观分"占有很大比重,具有决定性作用。许多考生在考完后,都在给考官或权贵写信,请求荐举。韩愈仿照大家的做法,也给宰相写信,但都石沉大海。韩愈有些着急,19 天后,再次上书宰相:

我刻苦学习,并身体力行已经有好多年了。我不去想前面的路是艰险还是平坦,只顾前行,从不止息,以致如今陷入穷困潦倒、万分危急之中。我大声呼喊,想必您也是听见了,您是出手相助,还是见死不救呢?当看见一个人快被淹死或烧死了,旁边的人有办法去救却不救,您说这样的人还是君子吗?我就是那个快被淹死的人,您就是能够救我的人啊!

有人对我说:"宰相是了解你的,只是时机不到。"我说,什么是时机不到?时机是朝廷制造的,并不是上天安排的。前几年,宰相不都是从平民中举荐人才吗?那时的时机和现在有什么不同吗？就连节度使、观察使、防御使这样的小官都能举荐人才，难道您身为宰相，却不能举荐吗？古时候举荐人才，可以从盗贼中举荐，也可以从管仓库的人中举荐。我虽贫贱，但毕竟考上了进士，难道还不值得您举荐吗？我处境危急，不免言辞激烈，不知道该怎么说才好，只是切望您能救我于水火之中。

将自己的处境比作蹈火、溺水，可见韩愈是何等焦虑。

但，他的求助依然石沉大海。

20天后，韩愈又一次上书宰相：

周公辅佐成王，求贤若渴，经常是在洗发时听到有贤才来，立刻停下来，把头发束起，急忙接待；在吃饭时，听说有贤才来，赶忙把口中的食物吐出来，急忙迎接。这叫"周公吐哺"。周公态度谦卑，举贤用贤，天下的贤才被用尽了，奸佞之人被清除了，四海之内太平无事了，天灾没有了，万物各得其所了，麒麟、龙凤这样的吉兆也出现了，风调雨顺，百姓安康。这叫"天下归心"。

韩愈夸完周公，紧跟着便是质问：

你身为宰相，天下的贤才用尽了吗？天下的奸佞除尽了吗？天灾没有了吗？万物各得其所了吗？预示吉祥的麒麟、龙凤出现了吗？百姓安居乐业了吗？你做到"周公吐哺"了吗？"天下归心了"吗？

质问以后，韩愈正告宰相：

古时候的士人，三个月不被授予官职，就到别处去谋职了。现在的士人屡试不第也早就归隐山林，做隐士去了。我之所以不去做隐士，是因为我觉得隐士只能独善其身，而放弃了社会责任,这是不对的。因此,我虽然屡次被你的仆人拒之门外,却仍然给你写信,不是乞求功名,不是为了一己私利,而是为了朝廷,为了社稷,为了天下。你看着办吧!

上一封信表达的是愁苦,这封信表达的是愤怒。宰相,你不就是个宰相吗?有什么了不起的?和周公吐哺相比,你不感到惭愧吗?照你这样下去,天下的贤人都会归隐山林,朝廷还有才可用吗?江山社稷还保得住吗?此时的韩愈仿佛坐在了主考官的椅子上,居高临下地训斥着宰相。

宰相心如顽石,不为所动。

韩愈的博学宏词科考试又一次失败了。

独自走在长安街头,韩愈的心里塞满了失望、迷茫。他不明白,为什么宰相不能"慧眼"识人。难道是自己不行吗?不,绝不是。韩愈是自信的,自信自己的才华、能力。走着走着,他的脑海里忽然出现了"麟"。麟,《诗》歌咏它,《春秋》记叙它,各种史籍散论中也都时不时地出现它,老少妇孺都知道它,都说它是吉祥物。可是有谁见过它呢?人们经常看到的是牛、羊、马、猪、狗,等等。麟的形状与它们完全不同,长得不伦不类,谁也叫不出名来,谁也不认识。只有圣人出现的时候,麟才会出现,麟是为圣人而出现的。也只有圣人,才识得麟。啊,我不就是麟吗?谁能识得我呢?只有圣人,才能识得我。像宰相这样的凡夫俗子怎么可能识得我呢?

再走另一条路。

韩愈离开长安,到地方的节度使那里当幕僚。

二

韩愈应徐泗濠节度使张建封之聘,做其幕僚。

刚一上任,府中的小吏就给了韩愈一份作息时间表,要求每天晨来夜归,除非有病,否则不得请假,必须严格遵守作息时间,整日守候在府中。

韩愈干了几天,便觉极不适应,仿佛被捆缚住了似的,浑身感到僵硬。

坐在椅子上,韩愈想到了长安郊外的赛马。

烈马嘶鸣,尘土飞扬,马蹄哒哒,马鬃飘飘。看着如风的骏马,韩愈想,这马是怎么选出来的呢?如果没有人选它,它不就是在马群里,和一般的马一样,每天拉车吗?选它的人了不起!《战国策》里不是说起过伯乐相马的故事吗?有一匹马拉着盐车上太行山,前膝弯曲,后蹄伸直,气喘吁吁,大汗淋漓,实在走不动了。赶车的人大声呵斥它,挥着鞭子打它,但它就是走不动。这时,伯乐来了,一看,啊,这是一匹千里马啊!它只能奔跑,不能拉车。它可以日行千里,但不能载货。伯乐走到它的身边,给它解下车辕,抚摸着它,心疼地流泪。这千里马喘了口气,忽然仰天长啸一声,声震霄汉,奋起蹄子,飞也似地奔驰起来。如果不是遇到了伯乐,这匹千里马就只能每天挨着主人的鞭子拉车了。唉,世上千里马多的是,只是伯乐太少了。

再看眼前,这样每天从早到晚把人"钉"在府里,不就如同让千里马拉车吗?这样下去,千里马不就变成驽马了吗?不行,我得找张建封说去。

韩愈对张建封说,每个人都有能够做到的和不能够做到的,比如,你让我每天黎明时分上班,中间不能休息,一直干到黄昏时分才让我下班,这我就做不到。为什么呢?因为,上班时间太长了,中间不让休息,也太累了。你如果硬要我遵守这个作息时间的话,我不仅会发狂导致疾病,而且也不会一心一意地为你工作了。

韩愈对张建封说,你让我来这里工作,一定是看中了我有特殊的才能,而不是让我每天守时间的。我已经把你给我的任务完成了,为什么还要在这里耗时间呢?对其他人也一样,只要他完成了工作,就没有必要死守时间了。你若硬是让大家死守这份作息时间表,肯定会招来抱怨的,这对你是没有好处的。我的这个想法,就连孟子都同意,你有什么不能接受呢?

韩愈对张建封说,我建议你修改一下作息时间,改为早晨三点到五点上班,干到九点,休息。下午三点到五点上班,干到七点,下班。这样做,不仅会得到全体员工的赞扬,就是全天下的人都会赞扬你的。如果你只是看我穷,才给我一个差事,让我有饭吃,而不按照我说的去办,那么,即使你给我更多的钱,我也只会感恩,不会成为你的知己。

韩愈提出的作息时间表是在与张建封开玩笑,不可能施行。问题的实质是,韩愈以"千里马"的思维提出了"人力资源"管理的理念:缩短工时、因材施用、以人为本、提高效率。有此理念,韩愈理应做"吏部尚书"。

在张建封帐下当幕僚,对韩愈来说,无异于千里马拉盐车。没有伯乐的地方,所有的马都是驽马。

韩愈决定重返长安。

三

801年,韩愈第四次参加博学宏词科考试,终于通过。次年开春,便被任命为国子监四门博士。

两年后,韩愈被任命为监察御史。

次年,关中地区大旱,旱情迅速蔓延至长安附近。百姓四处逃荒要饭,饿死的人越来越多。此时,京兆尹李实不但不体恤百姓,反而横征暴敛,逼迫百姓卖房、卖种子粮。李实欺骗唐德宗,说:"今年稍有饥荒,但不影响秋收。"百姓告状无门,怨声载道。艺人成辅端目睹这一切,写诗吟唱:"秦地城池二百年,何期如此贱田园。一顷麦苗硕伍米,三间堂屋二千钱。"李实上书皇上,说:"成辅端身为下贱艺人,竟敢如此诽谤朝廷,当处死。"唐德宗准许,将成辅端砍头。

满朝文武,无人说话。

韩愈巡查灾情,眼见百姓卖儿卖女,路边的人饿得没办法,竟以死尸为食。他要上奏朝廷,据实反映灾情。朋友提醒他:"你不要忘了李实是什么人啊!"

李实,道王李元庆四世孙,正宗的皇亲国戚。李实在当军需官的时候,因为克扣军饷,士兵们要杀他。他逃回京城,唐德宗不但不予追究,反而提拔他当了京兆尹,主政京城,可见其根基有多深!

成辅端的鲜血还没有流干。

韩愈顾不得这些了,提笔便写《御史台上论天旱人饥状》:

今年以来,京师周边各地,夏天大旱,秋天又遭到霜冻,地里的收成不及原来十分之一。陛下,您免除了田租赋税,您的恩德胜过慈母,您的仁爱胜过春光。无奈,您皇恩浩荡,官员却盘剥百姓,百姓苦不堪言,食不果腹。好些人已经饿死在路边的沟里。大街上到处都是饥寒交迫的百姓。有的把孩子扔掉了,有的把妻子赶跑了。为了纳税,好多百姓都把房子拆了,树木伐了。我以为这些情况您是不知道的,因为下面的官员向您隐瞒了实情。您若知道了这种情况,怎么会不去救百姓呢?我恳请陛下,不要再向百姓征收今年的赋税田租了,待来年收成好了,再征收吧。

韩愈有理,李实有权。韩愈的理,斗不过李实的权。李实在唐德宗跟前只是稍说了几句,韩愈便被逐出京城,贬为连州阳山县令。

从此,韩愈开始"宦海沉浮",一会儿县令,一会儿参军,一会儿国子博士,一会儿员外郎,一会儿考功郎中,一会儿中书舍人……

韩愈在仕途上忽上忽下、起起伏伏,但在文章上的成果却是异军突起、直线上扬。

自东汉至隋,六百多年,骈文由盛变衰。原因在于骈文过分讲究对仗,以致无文不骈、无语不偶,文章多是华美其表,鄙陋其里,言之无物,无以流传。

韩愈"挽狂澜于既倒",挺身而出,掀起了古文革新运动。韩愈要人们不要拘泥于三代两汉,不要拜倒在圣人脚下,心里所想,就是手中所写,要"陈言务去""词必己出"。骈文之衰,衰在无"道",无道之文,必为雕虫小技。文章要能够传世,而传世之文,即载道之文。道,是文章的核心、灵魂。韩愈一反骈文的对偶、对仗,随心所欲,以奇制胜,创造性地写出了《师说》《原道》《获麟解》《进学解》《杂说》《讳辩》《争臣论》……自韩愈起,唐代文章面貌一新。

韩愈止住了八代之衰,成为古文革新运动的一面旗帜。

困惑、苦恼随之而来。一个幽灵总是伴随着韩愈,袭扰着韩愈的声誉,如影随形、挥之不去,它就是毁谤。韩愈不明白,为什么每当自己做了好事、得到赞誉的时候,毁谤就会出现。毁谤与赞誉总是等高、等量的,誉有多高,谤就有多高,誉有多少,谤就有多少。韩愈长叹一声:

是故事修而谤兴,德高而毁来。呜呼!士之处此世,而望名誉之光,道德之行,难已!(《原毁》)

韩愈叹的是,事情做好了,诽谤也就来了,道德水准高于常人了,诋毁也就来了。唉,生在这样的世道,想得到荣誉、以德行事,太难了!

人生而有罪,叫作"原罪"。人生而有毁,叫作"原毁"。既是生而有之,也罢,无须理会,走自己的路就是了。

韩愈掸掸身上的灰尘,正正衣冠,继续前行。

四

唐代,自唐太宗李世民始,礼佛之风日甚。

唐太宗下令,开示佛祖舍利,让信众瞻仰。唐高宗继位后下令,奉迎佛骨到宫中供养,并开创先河,亲自奉迎佛骨入宫。从此,每三十年,就将凤翔法门寺的佛骨奉迎到宫内供养三天。每次奉迎佛骨舍利,都是一次盛大的佛事活动,无数信众都会赶到长安,以看一眼佛祖舍利为福。奉迎佛骨,尊佛崇佛,成为唐代的潮流。

819年,唐宪宗下诏,奉迎佛骨。佛骨在内宫供养三天,宪宗率文武百官顶礼膜拜。之后,佛骨又被送到京师各寺,轮流供奉。这次奉迎佛骨,声势浩大,场面壮观。整个长安都疯狂了,一些信众在狂热中竟然切掉自己的手指、胳膊,甚至自焚,以表达对佛祖的忠诚。唐宪宗也是兴奋不已,又是大宴群臣,又是吟诗作赋,陶醉在佛事之中。

崇奉佛教不仅动摇了民族的道统,而且给社会经济带来严重影响。由于佛家寺院是吃皇粮的,且寺院的耕种是免于税赋的,因此大批百姓放弃耕种,削发为僧,吃起了皇粮,造成经济衰退,国力不振。

小小的一枚佛骨,正在损毁着国家的根本!

韩愈拿起笔来写下《谏迎佛骨表》。

韩愈告诉唐宪宗，长生不老，与信佛无关。没有佛，黄帝享寿110岁，少昊享寿100岁，颛顼享寿98岁，帝喾享寿105岁，尧帝享寿118岁，舜和禹都活过了百岁，天下太平，百姓安康，与佛无关。

韩愈告诉唐宪宗，汉明帝时引入佛法，在位才18年，其后乱亡相继，运祚不长。宋、齐、梁、陈、元魏以降，愈发崇佛、敬佛，结果存在时间短。梁武帝三次舍身事佛，不吃肉食，每天一餐，最后竟然饿死了。

韩愈委婉地对唐宪宗说，我知道陛下不信佛，不过是游戏而已。但是百姓可不这么看，他们以你为榜样，说皇上都这么信佛，我们算得了什么，岂能更惜身与命？因此有那么多人烧自己的脑袋手指，以此来表示对佛的敬仰。如果不加以制止，恐怕会有人把自己身上的肉割下来供养佛。这岂不是伤风败俗，令人耻笑，祸害国家码？

韩愈开导唐宪宗，佛本是夷狄之人，和我们语言不同，穿着相异，不懂君臣之礼、父子之义。假如佛还活着，来我朝觐见，陛下可以在宣政殿见他一下，在礼宾院里设宴招待一下，赐给他一套衣服，让人护送他出境，不让他惑众就可以了。现在他都死了那么多年了，身体早已枯朽，很不吉利，不宜让他进宫啊。

韩愈搬出圣人教育唐宪宗，孔子说："敬鬼神而远之。"古代诸侯去别国吊唁，都要让巫师做一番祷告，祛邪以后才去吊唁。现在，把这腐烂的东西取来供奉，陛下亲临观看，事先不让巫师祛邪，而群臣不说这是错误的，御史也不说这不对，我真是感到可耻！

韩愈希望唐宪宗赶快把佛骨舍利扔到水里或火里,让它永远灭绝,让天下人再也不受它的蛊惑。如果佛真的有灵,要降下灾祸,那么就让他把灾祸降到我的身上,我来承担！

写完,韩愈长抒了一口气,拿起奏表就往外走,他要赶紧呈给唐宪宗。一只脚刚迈过门槛,妻子从身后一把拉住了他:"回来,你不要命了?"韩愈说:"不会吧,我说的在理啊。"妻子说:"在理,哪次你不在理？当年你给德宗奏表,说关中大旱,怎么样,李实几句话,皇上就把你撵出京城,贬到阳山了。难道你忘了不成？想想看,你考了一回又一回,能有今天,容易吗?"是啊,为了头上的这顶乌纱帽,进士考了四次,博学宏词科考了四次,《上宰相书》写了三次,何其艰难！从《御史台上论天旱人饥状》开始,这些年没有少受冤屈啊,每次都是因言获罪遭贬。自己蒙冤不说,还连累家人遭罪。唉！

韩愈犹豫了。

为什么要写《谏迎佛骨表》呢？不写不行吗？满朝文武都不作声,难道就没有人看出奉迎佛骨是荒谬的吗？"千夫之诺诺,不如一士之谔谔",为什么我要做这"谔谔"之一士呢？

为什么？因为不平。

天下之物,不平,就会出声。草木无声,风吹来,便有声;水无声,风拂来,便有声;金石无声,击打,便有声。人也如此,不吐不快时,以歌表达思念,以哭表达伤怀。凡出口发声者,都是因为有不平之事！

想想吧,那些震烁古今的文字不都是"不平"之音吗?有春秋战乱之不平,则有孔子之鸣;有亡楚之不平,则有屈原之鸣;有汉武帝之不平,则有司马迁之鸣。即使到了魏晋时代,鸣于世的人虽不及古人,但也在鸣。今天,遇奉迎佛骨如此之不平,我岂能不鸣?我不鸣,谁鸣?!

韩愈推开妻子,大步迈过门槛,直奔皇宫。

此时,唐宪宗仍然沉浸在奉迎佛骨的虔诚与兴奋之中。他以为韩愈献上的一定是奉迎佛骨的美文,两边肃立的朝臣也都屏声静气地等待韩愈朗诵。

韩愈大步向前,走到宪宗跟前,一字一句地念起《谏迎佛骨表》。

宪宗紧皱眉头。

朝臣们面面相觑。

宪宗听罢,斥道:"你说东汉以来信奉佛法的皇帝都是短命的,这岂不是说朕活不长吗?你这是犯了谋逆之罪,太狂妄了,当斩!"

几个卫士上来就扭住了韩愈,要押下去。

大臣裴度、崔群赶忙上来求情:"皇上,韩愈虽言辞不当,但绝对是忠臣。他所说的一切都是为了朝廷,为了皇上,还望皇上开恩!"

唐宪宗沉吟片刻,说:"好吧,如此狂妄,本该赐死。但因你们求情,死罪可免,活罪不能免,韩愈去潮州任刺史吧。"

潮州,荒蛮之地,距长安十万八千里。

韩愈赶着马车,在风雪中启程了。

北风呜咽,飞雪漫天。路越走越远,雪越来越深。长安越来越远了,秦岭挡在面前,潮州在何方?家又在何方?马,气喘吁吁,大雪齐膝,走不动了,对着苍天嘶鸣。

行至蓝关,侄孙韩湘赶来送行。韩湘身披白雪,韩愈须发皆白。两个雪人拉着手,相对无言。

临别,韩湘道声:"珍重!"韩愈嘱托后事:"我这一去,怕是到不了潮州就会半途而亡。我死后,就把我葬在瘴江吧。"随即吟出《左迁至蓝关示侄孙湘》:

一封朝奏九重天,夕贬潮州路八千。
欲为圣明除弊事,肯将衰朽惜残年!
云横秦岭家何在,雪拥蓝关马不前。
知汝远来应有意,好收吾骨瘴江边。

韩湘泪流满面。
韩愈的身影消逝在风雪中……

笑傲玄都观

晴空一鹤排云上,便引诗情到碧霄。

——《秋词》

一

刘禹锡,字梦得,河南洛阳人,生于772年,卒于842年。

唐贞元九年(793年),刘禹锡21岁,首次参加进士考试,一举成功;同年考博学宏词科,亦一举成功,很快就穿上了官服,戴上了乌纱帽,走进了朝廷的大门。没有落榜的失意,没有漫长的等待,刘禹锡在朝夕之间就完成了从布衣到官员的角色转换,有了一个梦幻般的人生开局。只要他平稳地走下去,就会步步高升、荣华富贵。

安史之乱以后,唐王朝面临的主要问题是:宦官当政、藩王割据、贪污腐败。一群政治精英酝酿着改革,来一场涤荡弊政的革新。改革就是与权势集团摩擦、冲撞、对决,是要招来风险的。纵观历史,改革者有几个成功的?有几个有好下场?刘禹锡熟读历史,知道改革很难成功,也知道改革失败会带来什么后果。但是,他不能在改革的舞台上缺席,因为他不愿碌碌无为:

丈夫无特达,虽贵犹碌碌。(《华山歌》)

特达,就是作为,就是杰出,就是轰轰烈烈,就是青史留名。如不能"特达",贵有何用?不过是庸碌之辈。

需要什么,就去做什么。刘禹锡需要的是"特达",因此就去改革了。

此时,唐德宗病逝,顺宗继位。顺宗的"帝师"王叔文、王伾,锐意改革,颁布一系列革除弊政的政令,深得人心。王叔文十分赏识刘禹锡,任用刘禹锡为屯田员外郎,参与管理国家财政。刘禹锡和王叔文、王伾一道,开启了永贞革新。

永贞革新矛头直指藩镇、宦官、上层利益集团,革新虽然令百姓欢呼,人心大悦,但却遭到了反对势力的疯狂反扑。

藩镇、宦官、利益集团的势力太强大了。结果是:永贞革新失败,王叔文被赐死,王伾被贬,病死,刘禹锡被逐出京城,贬为连州刺史,他在去往连州的路上,又被加贬为连州司马。

如果刘禹锡"超脱"一点,对永贞革新做"壁上观",就会平平稳稳地一路高升。但是,他偏要卷进去。"大好前程"就这样断送了。

走在被贬的路上,刘禹锡的心在颠簸。对永贞革新,他虽然有失败的思想准备,但是他不愿相信会失败。从赴京赶考以来,他从来没有失败过。对手的胜利是没有理由的、不应该的。而自己的失败也是没有理由、不应该的。历史上的变法者多是失败者。难道所有变法者只能用光荣而无奈的失败书写历史、留名于世吗？难道自己就只能是一个"虽败犹荣"的失败者吗？刘禹锡要的不是失败，而是胜利。

虽然他藐视对手，但是他感受到了对手势力的强大，这股势力就像压在他头顶上的乌云，不知道什么时候能够散去。乌云不散，天就不会晴。

宦海沉浮，他不知道，这一沉后，是否还能浮得起来。

他不后悔。如果缺席了这场斗争，虽然自己可以官职依旧、富贵依旧，但那就"碌碌"一生了。

赴京科考是路，被贬离京也是路，升沉荣辱都是路。不管走什么路，都是自己的路，都要走好，走出精彩，走出"特达"。

二

走在贬谪的路上，刘禹锡且歌且行。

自古逢秋悲寂寥，我言秋日胜春朝。
晴空一鹤排云上，便引诗情到碧霄。（《秋词》）

秋是萧萧落木，秋是悠悠逝水，秋是繁华落尽，秋是万物老去。秋是叹息的季节，秋是无奈的季节，秋是告别的季节，秋是失去的季节。飘零的落叶，裸露的原野，瑟瑟的凉风，微微的寒意。这就是秋，让人伤怀，让人惆怅，让人感到悲凉与寂寥。秋是和悲连在一起的，构成一个固定词组：悲秋。逢秋必悲，已成为人的固定情绪。但，这不是刘禹锡的秋。刘禹锡的秋，没有枯黄的落叶,没有飘飞的冷雨,没有怅惋,没有闲愁。刘禹锡的秋,是蓝天白云,晴空一鹤;刘禹锡的秋,是豪气冲天,诗情碧霄;刘禹锡的秋,挥扫千年古韵,化悲情为豪情,别有一番意境。

刘禹锡的秋,无悲。

山围故国周遭在,潮打空城寂寞回。
淮水东边旧时月,夜深还过女墙来。(《石头城》)

哦,这是怀古了。遥想当年,孙权建的这座石头城,现在已成"故国"。四周的山还在,水还在,只是人不在了。当年的金戈铁马早已折戟沉沙,当年的风流人物也已经化作传说。潮水一波一波地拍打着城墙,叩问着辽远而神秘的历史。但是,潮水得不到回应。石头城已经成为一座空城,这里的喧闹早已成为过去,留下的只有寂寞。人们或许早已忘记,这里还有一座石头城,能够记得它的,只有城对面的那轮圆月,每到夜半时分,它还会爬过墙来看看。石头城尚且如此,长安城将来是不是也会如此呢?安史之乱刚过,藩镇割据又起,朝中党争日甚,大唐已显败象,怎能不让人生忧。抬头,那轮"旧时月"已爬过墙头。

刘禹锡转过头来,向长安城望去……

汉寿城边野草春,荒祠古墓对荆榛。
田中牧竖烧刍狗,陌上行人看石麟。
华表半空经霹雳,碑文才见满埃尘。

不知何日东瀛变,此地还成要路津。(《汉寿城春望》)

走进朗州,来到汉寿城边,好一片凄凉的景象!野草茂盛,荒祠古墓前,遍野荆棘。田地里牧童烧着祭祀用的纸狗,几个行人观看着墓前的石麟。当年为人指路的华表遭了雷劈,只剩下半截,残碑上的碑文被尘土覆盖,什么也看不清了。这曾经的繁华之地,竟会变得如此荒凉、衰败!兴亡盛衰是怎么转换的呢?是天意还是人意?只有这荒祠、古墓知道,它们是一切的见证,它们掌握着所有的秘密。兴盛有道,衰亡有因。沧海桑田,四时有变,总有一天,这里还会成为南北的交通要津,还会成为商贾云集的繁华之地。

刘禹锡期待着。

刘禹锡正在走着,朝廷的调令来了,要他返回长安,另有任用。贬谪的日子总算熬到头了,屈指一算,整整10年。

刘禹锡回到了长安。

再次走在长安的大街上,喧喧车马,攘攘人流,华灯异彩,香风吹拂,刘禹锡有一种恍如隔世的感觉。京城就是京城,房多、路宽,大气、贵气。好了,总算回来了,又是长安人了。44岁,在长安扎下来的他,还会干出一番事业的。

正是桃花盛开的季节,路上的行人都在说自己是从玄都观里回来的,夸玄都观的桃花实在是太美了。听着,刘禹锡情不自禁地向玄都观走去。

玄都观里,桃花满目,香气袭人。10年前,这玄都观里还没有这么多桃树,此时竟如花海一般了。真是"十年树木"啊!游人们说说笑笑,夸着桃花,摘着桃花,面也如桃花。在花丛中走着,刘禹锡酝酿着诗情。

忽然,迎面走来一群穿着官服的人。哦,这不正是自己从前那群政敌吗?他们在永贞革新后,都加官进爵了。他们是踩着革新者的肩膀爬上去的。刘禹锡向他们投去鄙夷的目光:

紫陌红尘拂面来,无人不道看花回。
玄都观里桃千树,尽是刘郎去后栽。(《游玄都观》)

这玄都观里的桃花,还不都是我被贬谪出京城后栽的吗?
"玄都观里桃千树,尽是刘郎去后栽",立刻就被政敌们做了"政治"翻译:"京城新官人无数,尽是刘郎贬后提。"这不是在讽刺挖苦我们吗?刘禹锡回答:是的。你还想不想在长安干了?刘禹锡回答:随便。

就因为这一首诗,刘禹锡再次被逐出京城,走上贬谪之路。
不这样写不行吗?不行。不这样写,就不是刘禹锡了。
依旧是且歌且行。

莫道谗言如浪深,莫言迁客似沙沉。
千淘万漉虽辛苦,吹尽狂沙始到金。(《浪淘沙·其八》)

走在河边,逆流而上,看浊浪滔滔,泥沙俱下。谗言不就像这河水吗?浑浊肮脏,深不见底。谗言是可怕的,如同这翻卷的旋涡,瞬间就会把你卷入河底,置你于死地。从古至今,多少君子厄于谗言,被谗言所害!多少贤良在谗言中被贬谪,泥沙般地沉入河底。难道我就真的被这河水吞没了吗?就真的变成泥沙了吗?怎么会呢!金子永远是金子。大浪淘沙,淘的是沙,不是金,金子是淘不掉的。就让他千遍万遍地过滤去吧,就任他风吹浪打去吧,金子总会澄出来的。

刘禹锡面对河水,一笑。

王濬楼船下益州,金陵王气黯然收。
千寻铁锁沉江底,一片降幡出石头。
人世几回伤往事,山形依旧枕寒流。
今逢四海为家日,故垒萧萧芦荻秋。(《西塞山怀古》)

西塞山,横亘在长江边上,地形险峻,是六朝军事要塞。东吴孙皓在江中设置了铁锥,并且用千寻铁链横锁江面,要塞算是"固若金汤"。西晋大将王濬率军攻吴,铁锥、铁链形同虚设,不堪一击,瞬间土崩瓦解,铁锁沉江,降旗高举。东吴灭亡了!往事悠悠,山河依旧,别有一番滋味上心头。想当年,魏蜀吴三足鼎立,火烧赤壁,以少胜多,把曹操的虎狼之师打得丢盔卸甲,东吴何等强悍!怎么转瞬间,就土崩瓦解,落得个"故垒萧萧"了呢?

刘禹锡边走边想,答案有了:

兴废由人事,山川空地形。(《金陵怀古》)

国运兴废,在人。人强,则国兴;人弱,则国废。人强,无须铁锥铁链;人弱,纵有天险也无凭。唐太宗强,则有贞观之治;唐玄宗弱,则有安史之乱。国事就是人事。人事不彰,国运不兴。唉,大唐,谁知今后会怎样呢!

朱雀桥边野草花,乌衣巷口夕阳斜。
旧时王谢堂前燕,飞入寻常百姓家。(《乌衣巷》)

乌衣巷,是东晋时王导、谢安两大家族的住地,属禁区,百姓只能望而却步。斗转星移,物是人非,400年后,通往乌衣巷的朱雀桥边野草丛生,残阳夕照中的乌衣巷,早已住上了寻常百姓。就连旧时落在王谢堂前的燕子,也褪去身上的"贵气",带着"平民"本色飞入了寻常百姓家。"王侯将相宁有种乎?"同理,乌衣巷为何不能成为寻常百姓家呢? 王族的落寞,正是百姓的福分啊,有什么不好呢?

想到此,刘禹锡的心绪好了许多。

走进了夔州地界。巴山蜀水,另是一番景致。红男绿女,情歌声声,击鼓吹笛,好不快活。问后,方知这种曲子叫"竹枝词"。不妨填上几首:

城西门前滟滪堆,年年波浪不能摧。

懊恼人心不如石,少时东去复西来。(《竹枝词·其六》)

你看,城西门前大江上的那块石头,年年月月被波浪击打着,却不能摧毁它,它纹丝不动地立在那里,多么坚定!人心怎么就不能像这石头呢?一会儿东一会儿西,一点准头都没有。唉,妹妹,你到底是怎么想的?哥哥,你究竟是怎么回事?爱,就要心如顽石呦!

刘禹锡看着被爱所恼的姑娘、小伙,摇摇头,笑了。

兴犹未尽,再来一首:

杨柳青青江水平,闻郎江上踏歌声。

东边日出西边雨,道是无晴却有晴。(《竹枝词·其一》)

真是让人费猜疑,说你变心了,你还总在江上给我唱歌,就像这天气似的,东边阳光灿烂,西边却下着小雨,若说不是晴却还有晴。刘禹锡把"晴"改为"情","道是无情却有情",爱的过程,爱的魅力,爱的甜蜜,爱的烦恼,就在这有情无情之间。

刘禹锡又回到了青春时代。

走着,又被贬了:去和州。

刘禹锡欣然前往。

当地人知道他是被贬而来,便只给他安排了一间低矮破旧的小房子,阴暗、潮湿,台阶上长满了绿苔。

刘禹锡弯腰走进屋子,一股发霉的气味扑鼻而来,一只老鼠顺着墙根窜了出去。刘禹锡点燃了煤油灯,见几只壁虎爬在墙上。刘禹锡拿起笤帚想把它们扫下来,它们跑了,尾巴断了下来,在地上不停地摆动。

房子里除了床,只有一张桌子、一把椅子,再多就放不下了。

刘禹锡在桌前坐下,伸个懒腰,慢慢地研好墨,提起笔,借着昏暗的灯光,一笔一划地写了下去:

山不在高,有仙则名。水不在深,有龙则灵。斯是陋室,惟吾德馨。苔痕上阶绿,草色入帘青。谈笑有鸿儒,往来无白丁。可以调素琴,阅金经。无丝竹之乱耳,无案牍之劳形。南阳诸葛庐,西蜀子云亭。孔子云:何陋之有?(《陋室铭》)

山之得名,在仙;水之得名,在龙;屋之得名,在德。我,刘禹锡,就是山中之仙,水中之龙,屋中之德。有我在,此屋何陋之有?

一路贬谪,刘禹锡已经修炼得成龙、成仙,已经进入化境。

三

正在"调素琴,阅金经",苦中作乐,朝廷又来调令,回京另有任用。

刘禹锡走出"陋室",碧空如洗,万里无云。

屈指算来,已经被贬谪23年了。漫长的23年!刘禹锡想到了一个传说。晋国人王质酷爱下棋。一天,王质上山砍柴,看见两个孩子在下棋,就停下来观棋。这棋下的时间好长,等终局了,王质砍柴的斧柄已成朽木,回到村里,一看已经过去百年,同龄人都死了。23年一盘棋!刘禹锡轻叹一声。

刘禹锡途经扬州,巧了,路遇白居易!白居易也是被贬之人。同是天涯沦落人,路不同,情相同。老友相逢,对酒当歌。白居易吟道:"举眼风光长寂寞,满朝官职独蹉跎。亦知合被才名折,二十三年折太多。"(《醉赠刘二十八使君》)是啊,满朝文武都是尸位素餐,无所作为,却偏偏把刘禹锡这样的大才放逐江湖,怎能不让人惋叹唏嘘。刘禹锡很平静,举起酒杯,应声唱和:

沉舟侧畔千帆过,病树前头万木春。

今日听君歌一曲,暂凭杯酒长精神。

(《酬乐天扬州初逢席上见赠》)

巴山蜀水已是"沉舟",23年尽是"病树"。恨它何用?叹它何用?看看汹涌的江面吧,浪花飞溅,千帆竞发;看看辽阔的原野吧,芳草葳蕤,万木葱茏。长歌一曲千秋事,浊酒一杯百世名。来,干杯!

豪饮间,全无愁滋味。

又回长安。14年间,皇帝换了4个,14年前的政敌们死的死,贬的贬,朝中已无几人。

再游玄都观。14年前,观里桃花如海,游人如织。此时,桃花没有了,游人寥寥无几。遍地绿苔,稀稀拉拉的兔葵燕麦在风中轻晃。当年种桃树的道士哪里去了?桃树哪里去了?那些穿着官服的权贵又到哪里去了?

道士走了,哪里还有桃花?哪里还有风景?"兴废由人事",道士在,玄都观兴;道士不在,玄都观废。回来吧,道士,玄都观等着你!

14年前,赋诗玄都观,获罪。今天还要赋诗玄都观,其奈我何?

百亩庭中半是苔,桃花净尽菜花开。
种桃道士归何处?前度刘郎今又来。(《再游玄都观》)

吟罢,刘禹锡轻捋长须,仰天大笑。
笑声又震落几朵桃花。

忧 乐 天 下

先天下之忧而忧,后天下之乐而乐。

——《岳阳楼记》

一

范仲淹,字希文,苏州吴县人,生于 989 年 8 月 29 日,卒于 1052 年 5 月 20 日。

范仲淹幼年丧父,家境贫寒。母亲要强,望子成龙,常给儿子讲一个又一个的励志故事:晋朝的车胤,从小爱读书,但家里很穷,晚上点不起煤油灯,于是就捉来许多萤火虫装在纱袋里,借着萤火虫的光读书,学有所成,最后当了中书侍郎,加爵关内侯,他的家乡特意为他建造了"囊萤台",鼓励后人奋发成才,这叫"囊萤照读";晋朝的孙康,家穷,为了省煤油灯,就借着地上的雪光读书,这叫"孙康映雪";晋朝的孙敬,彻夜苦读,为了不让自己睡着,就在头发上系一根绳子,拴在房梁上,一低头打盹,就被绳子扯醒,这叫"头悬梁";还有一个"锥刺股",说的是战国时的苏秦,因为不得志,回到家里妻子不理他,嫂子不给他做饭,因此而发愤读书,读到夜深人静的时候,一打盹,他就用锥子刺一下大腿,让自己清醒。功夫不负苦读人,车胤当了吏部尚书,孙康当了御史大夫,孙敬成了举世闻名的大儒,苏秦成了"合纵连横"的大人物。

范仲淹深为此感动,备受鼓舞。他来到醴泉寺,发愤读书。为了不耽误时间,他每天夜里一边熬粥,一边读书。第二天,煮熟的粥凉了,凝固成一个圆团,他就用刀把粥块切成四份,早晨吃两份,傍晚吃两份,这叫"划粥"。拿什么当佐菜呢?上学路上顺手采摘一些苋菜、蒲公英、荠荠菜、韭菜、野蒜,把它们捣成碎末,就当佐菜了,这叫"断齑"。范仲淹也创造了一个发愤苦读的成语:划粥断齑。

1015年,范仲淹科考一举成功,完成了由寒儒到进士、由布衣到官员的飞跃,被任命为广德军司理参军,掌管诉讼、刑狱、案件事宜。范仲淹在仕途上"小试牛刀",以公正廉明赢得了"官声"。很快他就被提升为集庆军节度推官。不久,他被任命为泰州西溪盐仓监,专管淮盐的调运。此时的西溪,海堤多年失修,破旧不堪,一遇海水倒灌,良田被淹,盐灶毁坏,百姓遭难。范仲淹上任伊始,即上书江淮漕运张纶,指出重修捍海堰的紧迫性。随后,征调四万余民众,投入筑堤,历时五年,终于修筑起一道横跨通州、泰州、楚州,长达200余里的大堤,确保了耕种和产盐,造福一方乡里,百姓称大堤为"范公堤"。苏州遭遇洪灾,范仲淹临危受命,任苏州知州。他沉着应对,调度有方,组织民众疏通五条河渠,将太湖水排入大海,确保了一方平安。

范仲淹才干出众,引起朝廷瞩目。次年,朝廷便调范仲淹入京,任国子监,再升为吏部员外郎,直管开封府。此时的京城,官僚机构臃肿,人浮于事,弊端丛生,实为"烂摊子"。范仲淹大刀阔斧地整顿吏治,革除弊政,开封府蔚然生变,市井有序,百官肃然,一派昌明景象。街市上流传一句话:"朝廷无忧有范君,京师无事有希文。"

京师无事,边塞有事。

天又将降大任于范仲淹了。

二

1038年,西北边陲,被宋朝册封为第三代定难军节度使的党项族首领李元昊,突然宣布脱离宋朝,建立西夏国。北宋大为震惊,立刻派兵讨伐。北宋长期重文轻武,武备废弛。与此相反,党项人由于长期征战,全民皆兵,骁勇善战。两军交锋,北宋竟处于弱势,完全不是西夏的对手,连战连败。

在此危急存亡之际,宋仁宗想到了范仲淹。

范仲淹本是文臣,岂能点兵沙场?许多人表示疑虑。但宋仁宗没有疑虑。他深信范仲淹有将帅之才,因为他从范仲淹身上看出了一种智勇兼备的特质,看出了一种为将者的霸气。

范仲淹金盔铁甲、一身戎装,扬鞭策马出征了!

西夏强在军事,北宋强在经济,西夏胜在年轻,北宋胜在长久。范仲淹知己知彼、成竹在胸。他以经济为后盾,避开与西夏的短兵相接,修筑城堡,构成严密的封锁线,封堵西夏与北宋的边境。同时,裁撤冗员,训练精兵,改变"兵不识将,将不识兵"的指挥体系,形成灵活多变的阵型,对敌进行长期消耗。在政治上,范仲淹善待边疆地区的少数民族,聚拢人心,形成一致对敌的"统一战线"。

万事俱备,范仲淹一声令下,千军万马挥戈而去,杀得西夏军血流成河,一举拔掉了西夏插在北宋胸前的一把尖刀——大顺城。西夏再犯,此时北宋边境已经形成了坚不可摧的防线。西夏只好撤兵,边塞得以安宁。范仲淹威震西夏,成为"未经战,却可战"的一代儒将、名将。

人们敲锣打鼓,庆祝胜利。而范仲淹却神色凝重。他是运筹帷幄的,也是冲锋陷阵的。他亲手挥着战刀杀入敌阵,刀光剑影,血染征袍。他的脚下,是残肢,是血水。

范仲淹走在散发着尸臭的战场上,满地黄叶,残阳如血,家乡的景色也是如此吧?秋水如镜,烟波浩淼,只是没有如此这般的惨状。多想回到家乡啊!但是,军务在身,回不去啊。凭栏远眺,乡关何处?喝一杯吧!端起酒杯,只一口,泪水便滴进了酒杯……

走在秋色苍茫的战场上,看着身边的将军、士兵,范仲淹的心沉甸甸的。这些将军哪个没有妻儿老小,这些士兵多半都有"梦中人"啊!为什么要抛妻别子地在这大漠里与人厮杀呢?活着的还算幸运,死的呢?西夏人也一样,都是血肉之躯,都有白发爹娘,本该好好呆在河套那里,繁衍生息,却来犯边,死在刀剑下,血染黄沙了。这是谁的罪过啊!我范仲淹不过是一介书生,只想立德立言,不想杀人,更不想当什么儒将、名将,这都是无可奈何的事啊!

斜阳下,范仲淹一声长叹。

三

范仲淹胸中有国。他忧国、谋国,以国为思想的起点,以国为精神的核心,目光始终处在国的高度。母丧丁忧期间,他打破"守丧不言国事"的旧规,"不以一心之戚,而忘天下之忧",冒哀向朝廷上疏洋洋万言的《上执政书》,犹如为国"号脉",开具"药方":

大宋建国以来,苦心经营,精心培育,方有今日之国泰民安。历代之功,可谓大矣!否,逆卦;泰,顺卦。不要忘了,否泰是循环往复的,否到了头,泰就来了;泰到了头,否就来了。朝廷要知否泰之道,通否泰之变,否则江山不会长久。夏禹兴国,夏桀亡国;商汤兴国,商纣亡国。殷鉴不远,不可不虑。路走到尽头,就不通了。不通,就需要变化,变化了,就通了。通了,也就会长久了。若不知变化的道理,岂能长久?这就是圣人做《易经》的目的,要用它来治理天下。执政者难道忘了不成?

朝廷无忧的日子太长了,天下太平的日子太长了,不打仗的日子太长了,士不得教育,上下奢侈,百姓的苦日子太久了。朝廷处在歌舞升平中,逆耳之言就听不进去了;天下太平久了,就会隐伏危机;久不用兵,武备就会松弛;士不得教育,贤才就会缺乏;上下奢侈,国库就会空虚;百姓贫困,就会怨怼朝廷。听不进逆耳之言,国家就会混乱;危机四伏,奸佞之人就会伺机而动;武备松弛,外敌就会乘虚而入;贤才缺乏,国家就会听命于他人;上下奢侈,民力就会枯竭;天下嗔怨,国本就会动摇。

看看大大小小的官吏吧!年老的,只为子孙着想,一心敛财,徇私舞弊;少壮的,耻于在州县任职,整日敷衍了事。如此,则鳏寡孤独得不到抚恤,孝悌之道得不到遵循,利民之事无人去做,害民之事无人去除。一地如此,其他地方十之八九也是同样。

国家已经开始由泰向否变化了。

怎么办?必须择优选官,关注民生,重视教育,加强武备,铲除奸佞,广开言路。

这几乎就是治国大纲了。

经西夏之乱,仁宗皇帝决心重振国威。从何做起呢?他昼思夜想,苦无良策。就在此时,接到了范仲淹的《上执政书》。仁宗皇帝读之再三,顿开茅塞,深悟其要,命范仲淹以《上执政书》为蓝本,起草了《答手诏条陈十事》。这十事是:明黜陟、抑侥幸、精贡举、择长官、均公田、厚农桑、修武备、推恩信、重命令、减徭役。宋仁宗以诏令形式颁布全国,庆历新政由此开始。

性格决定行为。庆历新政由范仲淹发起,正因为范仲淹有他独特的性格。

四

范仲淹"爱管闲事"。

天圣七年,宋仁宗虽然已经 19 岁,但是朝政依然由章献太后把持。恰逢太后生日,仁宗要率文武百官为其祝寿。对此,谁都不吭声,而范仲淹发声了,上疏仁宗:"作为皇帝,你有尽孝之道,但不能对太后行为臣之礼。为太后祝寿,你在后宫与家人一道搞个仪式足矣。你率文武百官为太后祝寿,有损皇帝的威严,也不合礼法。"见朝廷没有回复,范仲淹又上书太后《乞太后还政奏》,请太后从国家大计考虑,还政于仁宗。

资政晏殊得知范仲淹上疏皇上和太后,深为范仲淹担忧,劝他撤回奏章,向皇上和太后道歉,挽回影响。范仲淹不同意,专门写了《上资政晏侍郎书》,回复晏殊。范仲淹指出,如果由太后主持朝政,是以下制上,"后代必有舅族强炽,窃此为法,以仰制人主矣。"这里,范仲淹创造了一个新词:仰制。接下来,坦然陈言:"如求少言少过自全之士,则滔滔乎天下皆是,何必某之举也?……侍奉皇上当危言危行,绝不逊言逊行、阿谀奉承,有益于朝廷社稷之事,必定秉公直言,虽有杀身之祸也在所不惜。"是啊,少说话、少做事,因而少过失的明哲保身之人,遍地都是,何必自己多此言语呢?但是,辅佐皇上,心怀天下,就应该有话直说,而不应闪烁其辞、虚以委蛇。只要是利天下之事,即当挺身直往,虽有杀身之祸,也在所不惜。

此次上疏的结果是,范仲淹遭到冷遇,被迫离开京城,去做地方官。

明道二年,宰相吕夷简串通大臣,想要废黜郭皇后,另立新后。范仲淹向皇上进言,认为不宜废后。没想到,吕夷简令手下人将所有上疏都扣押下来,不得朝奏。范仲淹便率领一些大臣,跪在殿前,请求皇上召见,但仁宗不见。范仲淹率领人们继续跪在殿前,非要吕夷简出来辩论不可。不仅如此,范仲淹发现吕夷简任人唯亲,滥用权力,便根据调查,画了一幅"百官图",呈送仁宗,要他按图索骥,查办吕夷简。结果,被吕夷简进谗,贬谪饶州。

范仲淹不仅对宰相敢于直言,就是对皇上也毫不客气。

也是在明道二年,全国大旱,江淮一带蝗灾严重,灾情紧急。范仲淹奏请仁宗,速派人视察灾情。仁宗没有意识到问题的严重性,没有理会。范仲淹毫不客气,对仁宗说:"现在灾民已经断粮多日,四处逃荒。如果皇宫里半日无食,陛下有何感受?"说得仁宗颇为尴尬。

朝中好友梅尧臣知道范仲淹性情耿直,难以直劝,便写了一篇《灵乌赋》,送给范仲淹,委婉地劝他少说话。《灵乌赋》说:对人而言,灵性大的人,是大贤,灵性小的,是智者;对兽而言,灵性大的,是麒麟,灵性小的,是马驹;对虫而言,灵性大的,是龙,灵性小的,是龟;对鸟而言,灵性大的,是凤,灵性小的,是乌。大贤是不为所用的,因而人都尊敬,智者总是出主意,结果人都讨厌;麒麟很少露面,安闲自在,马驹经常出现,累得汗流不止;龙是见不到的,龟是自保的;凤很少出声,因而人都喜欢,乌不停地鸣叫,因而招人厌烦。你不要做那个招人厌烦的乌,少说为好。错,你不说,就是他的错;你说出来,就是你的错。凶,你不说,也是凶,你说了,凶就是你造成的。你又何必去说呢?

对此,范仲淹也写了一篇《灵乌赋》,回赠梅尧臣:灵乌啊灵乌,你既是飞禽,为何远走高飞,飞得越远越好呢?你为什么偏要咕咕地叫个不停,告诉众人吉凶,惹人讨厌,让人愤怒地折断你的翅膀,把你烹煮了,直到死才知道后悔呢?灵乌啊,你哑哑的声音是在说:"我有生命,仰阴阳化育;我有灵魂,靠天地滋养。我栖息于母亲为我筑就的巢穴,在主人家的树上长大。如今羽翼丰满,可以远走高飞了。但是,我怎能忘记母亲的哺育,怎能有负主人的恩德。当主人有凶兆时,虽然我的叫声不好听,惹人烦,但我怎能不示警呢?懂我的人,说我会带来吉祥;不懂我的人,说我是灾星。我说了真话,反遭众人唾骂、加害。我若不说话,装聋作哑,主人的灾祸也就来了。众人看着我的下场,都不敢说话了,主人听到的真话越来越少,还以为天下太平了呢。若是谁说出真话,主人反而觉得这个人是在捣乱。其实,不仅是我这灵乌,就是其他神物也一样。凤凰和麒麟,不也是被楚人讥讽、鲁人中伤吗?但是,凤凰和麒麟会因为惧怕讥讽和中伤,而不给众人带来祥瑞吗?"我就是要像灵乌一样,在危急之时,发出哑哑之声。

宁鸣而死,不默而生。(《灵乌赋》)

乌宁肯因鸣叫而死,也决不沉默不语地死去。
范仲淹就是一乌。
梅尧臣看后,摇头苦笑,又做一首《啄木》相赠:你这啄木鸟啊,城头你啄枯杨,城下你啄枯桑。清晨你啄得不停嘴,黄昏你啄得食不满肠。寒风冽冽,蠹虫冻僵,草木满园,就听你笃笃作响。

范仲淹看后,也是一笑,把诗扔到一边。

五

范仲淹发起的庆历新政,虽开了政坛新风,但终因触犯了权贵,一乌不敌群凤而告失败。范仲淹被迫离京,前去邓州。临行前,与好友欧阳修"对酒当歌"。两人同为庆历新政战友,自有同样遭际,同样的离愁。二人长吁短叹,慨而且慷。愤懑、忧郁、苦闷、伤感,都倾进酒中,灌入愁肠。酒至深处,诗兴自来。范仲淹摇摇晃晃地立起身来,举着酒杯,一番慨叹:看《三国志》,笑曹操、刘备、孙权,费尽心机,你征我伐,也只是分得魏、蜀、吴,三分天下。细想来,与其如此,何不像刘伶那样,举杯豪饮,酩酊大醉。世上有几人活到百岁?少时癫狂,老来憔悴,只有中间一段,本当珍惜,却为何抛掷在追名逐禄上?即便是官至一品,腰缠万贯,请问你能躲得过老之将至吗?

一品与千金,范仲淹能回避;朝政与国事,范仲淹不能回避。问"如何回避",是在问满朝文武,问那些梅尧臣所说的"大者":麟、龙、凤。

范仲淹来到邓州,安排停当,便四处查巡。哦,这条南北大街太窄了,应该加宽;哦,这片民房太破旧了,已经成了危房,应该加固;哦,这个垃圾场位置不合适,应该改种花草;哦,这个览秀亭也年久失修,应该重建;哦,这里没有像样的学堂,应该建一所,增添文气……范仲淹的心里开始绘制邓州的新蓝图。

很快,邓州开始变样,旧貌换新颜。范仲淹不满足,又建了春风阁、百花洲,开设了花洲书院,亲自到书院讲课。邓州的文化高度陡然提升,文气氤氲,一派升腾景象。

范仲淹看着越来越美的邓州,大有入桃花源之感。

春天的脚步来得早,不觉间,人们已经脱下了厚重的棉衣,换上了轻柔的罗绮,去百花洲踏青,岸边的水波与芦花交相辉映。舒望眼,花如海,犹如走进桃花源。休笑我虚度年华,功名得失是命定的,莺歌蝶舞都是应该的,合情合理的,符合天性的。天让万物如此,我怎么就不能快乐一下呢?

然而,夜阑人静,对月独酌,刚喝了两杯,就喝不下去了,再倒一杯,杯未满,泪先流。蜡烛将尽,范仲淹斜倚着枕头睡去,尝尽独眠滋味。此事,如何回避,又怎能回避。

"此事"何事?是庙堂之事,是万民之事。范仲淹是计天下利、求万世名的,邓州一隅,岂能围住此心。

忽一日,范仲淹接岳州太守滕子京的信函,滕子京称自己在岳州修建了一座岳阳楼,请范仲淹为此楼作赋。

滕子京是范仲淹好友,二人同举进士,志趣相同。滕子京为人豪爽,颇有才干。他为官清廉,家无余财,却被指控"滥用公钱",先是官降一级,再被贬到凤翔府,又被贬到虢州,最后被贬谪到岳州,贬了一路。然滕子京锐气不减,为官一任,造福一方,仅两年时间,就把岳州治理得焕然一新,被誉"治为天下第一"。治理好岳州,滕子京修建岳阳楼。之所以修建岳阳楼,为的是明志,为的是抒胸中意气,以昭告天下,我滕子京正气存焉。楼以文传,不可无赋。滕子京深知自己力有不逮,须请名家作赋。请谁呢?当然是范仲淹!

手捧滕子京的书信,范仲淹思绪翻飞,满怀沉郁。凭栏眺,山河在胸;看人间,气象万千。求万世名,一身何所求;计天下利,无悲也无愁。忘去功名千古事,万家忧乐上心头。

范仲淹拿起笔,写下《岳阳楼记》:

予观夫巴陵胜状,在洞庭一湖。衔远山,吞长江,浩浩汤汤,横无际涯;朝晖夕阴,气象万千。

……

登斯楼也,则有去国怀乡,忧谗畏讥,满目萧然,感极而悲者矣。

……

不以物喜,不以己悲;居庙堂之高,则忧其民;处江湖之远,则忧其君。是进亦忧,退亦忧。然则何时而乐耶?其必曰:"先天下之忧而忧,后天下之乐而乐"乎。

有此一"记",岳阳楼成了天下名楼。

心如顽石

糟粕所传非粹美,丹青难写是精神。

——《读史》

一

王安石,字介甫,抚州临川人,生于1021年12月18日,卒于1086年5月21日。

王安石21岁进士及第,一路做官,先后任淮南推官、鄞县知县、舒州通判、常州知府、江东刑狱提点等职。在这些社会的"终端",王安石点击进各种国情"链接",脑子里渐渐形成了一个治国理政模板。

在一般人看来,北宋在仁宗治下,国泰民安,既无远虑也无近忧。然而,这境况犹如深海一样,平静的表面下,是险流旋涡。北宋每年要"赐"给西夏、辽国绢几十万匹、银几十万两以及大量其他物资。说是"赐",其实就是花钱"买"和平,以此换取西夏、辽国不再犯边。一旦国家经济衰退,无法填饱外敌的胃口,战事必起。北宋的经济为"军事经济",全国养兵126万,开支占全国赋税的七成。即使在宋夏战争结束后,兵源减至110万,军费开支也占了全国赋税的大半。这是"冗兵"。还有"冗费",即皇上每年举行的祭祀活动以及对佛寺的修缮等开支,数额也十分可观。再有就是"冗官",由于机构繁多,导致官吏队伍庞大,皇粮吃紧。这"三冗"是"积贫",花钱买和平是"积弱"。在王安石眼里,北宋正处于"积贫积弱"之中。

飞来峰,传说是从天外飞来。峰上有一塔,塔高千寻,人称千寻塔。王安石独步登上飞来峰,立于千寻塔下,只听得飞来峰上一声鸡鸣,四野鸡鸣大作,东方一轮红日喷薄而出,好一幅壮观的景色。王安石向远方望去,却见大片阴云飘过来,刹那间,什么也看不见了。哦,浮云。李白说过:"总为浮云能蔽日,长安不见使人愁。"陆贾说过:"邪臣之蔽贤,犹浮云之障日月也。"浮云,奸佞小人之谓也。是啊,大宋积贫积弱,不就是因为朝廷里的邪臣遮住了皇上的耳目吗?但,浮云是不足畏的,浮云遮不住日月。我站在浮云之上,身处最高层,一切都看得清楚!

王安石手搭凉棚,登高望远,云在脚下,山在掌中。

此时,王安石30岁,任浙江鄞县知县期满,虽官职不高,思想站位却已在"最高层"了。

王安石于北宋嘉佑三年,写了《上仁宗皇帝言事书》,提出了一套完整的治国之道。他以史为镜,指出二帝三王以来,千余年间,总是一治一乱,原因在人。以商周为例,商末,天下大乱,因为所用非人。而周文王能够启用天下人才,故天下大治。九州之大,四海之远,朝廷的法令要在数千里之外得以施行,全靠人才。朝廷的法令虽好,都是利国利民的,但若官吏们不去推行,不能让皇恩泽被百姓,反而会给百姓带来烦扰。因此,必须陶冶人才。怎么陶冶？就要：教之、养之、取之、任之。教之，就是不要以为朝廷的礼乐刑政是不教而会的，"朝廷礼乐刑政之事，皆在于学"，一定要"观而习者"。养之，就是"饶之以财"，要对人才给予物质保障，让他衣食无忧，否则，他就会"贪鄙苟得"；光有"饶之以财"还不够，还要"约之以礼"，对其社会活动严加约束，对其物化交往定出量化标准，否则就会"放僻邪侈，无所不至"；再加一项，就是"裁之以法"，让胡作非为付出代价，"加小罪以大刑"，震慑住贪赃枉法之人。取之，就是由下而上，征询意见，予以考察，自尧舜以来都是这么做的。任之，就是因才施用，要根据人之才德高下厚薄的不同，委任适宜的职位，而且任职时间要久，工作职能要专，宜、久、专相结合。

这篇洋洋洒洒的万言书，言之有据，入情入理。但不知什么原因，没有引起仁宗的注意，被束之高阁了。

最终，《上仁宗皇帝言事书》落到了宋神宗手里。

二

宋神宗继位时，财政亏空高达1750余万。朝廷对外花钱买和平，财政紧张；国内由于赋税加重，高利贷盘剥，农民生活贫困，屡屡暴动，动乱不止。

国难思良臣。在这"危急存亡之秋"，宋神宗想到了王安石。

王安石早就在宋神宗心里了。宋神宗幼年，便知道祖宗数代兵败夷狄，立志要"雪数世之耻"，脑子里不停地琢磨着治国之道。他崇尚法家，嘴边总是挂着韩非、商鞅、管仲这些法家人物的名字,"若古之立功名者,管仲之于齐,商鞅之于秦,吴起之于楚,皆使政令必行"。他在寻找北宋的管仲、商鞅、吴起。当他在宋仁宗的遗物里翻到《上仁宗皇帝言事书》时,眼睛不禁为之一亮,王安石不就是他心目中的"立功名者"吗?他立刻要王安石进京。

此时,王安石正在江宁知府任上,目睹北宋危机四伏,忧心忡忡,眼见国势渐颓,朝野却一片歌舞升平,大有"恨铁不成钢"之感。

深秋时节,王安石登楼远望,秋风萧瑟。千里澄江宛若白练,悠然舒展,群峰耸峙,犹似箭簇。夕阳下,白帆点点;西风里,酒旗斜挂。画船云中游,白鹭星河飞。遥想当年,这金陵故都何等繁盛。叹只叹,朱雀门外,六朝衰落,遗恨难抑。多少人在此登临,感伤荣辱,唏嘘不已。六朝往事早已随波远去,只剩得衰草枯黄寒烟几缕。"商女不知亡国恨,隔江犹唱《后庭花》"。看今日,酒楼茶坊的歌女,还在轻歌曼舞,无忧无虑,唱着这亡国曲。

王安石虽心在"最高层",身却不在此位,徒有报国之志,无以施展,只能听"商女"的"后庭遗曲"。

惆怅间,接神宗谕旨,令其进京,王安石精神为之一振。

此时,距他上书仁宗,已经过去十年,王安石的改革思想更加成熟、完整。王安石进京后,君臣二人相谈甚欢。

王安石上书神宗《本朝百年无事札子》。

先说为什么无事。无事是因为从太祖起,君王能了解人的真伪,做到人尽其才,能够驾驭将帅,士兵训练有素,能够抵抗外侮,平叛内乱,废除苛捐杂税,废除藩镇割据,诛杀贪官污吏,自身力行简朴。太祖的诏令都是为民计利的,太宗继承了太祖的聪武,真宗保持了太祖的谦仁,仁宗、英宗更没有失德的地方。特别是仁宗,为了边境和平,宁肯赐给夏辽钱物,也不愿意发生战争。仁宗对内施行仁政,深得民心。

再说什么是有事。无事就是有事,有事正是从无事而来。皇帝身边的人从来不谈论为政的弊端,也没有像古代那些大有作为的君王一样,和学士、大夫们讨论治国的大略,一切都听任自然。选拔人才,只看其写诗作赋如何,而不是通过学校专门训练。对官员的考察,也没有考察实绩,而是只听他们夸夸其谈,结果是君子留下了,小人也混进来了。农民被徭役牵累,却没有得到救济抚恤,也无人为他们兴修水利,自然怨言就多起来了。军中既有兵痞无赖,又有老弱病残,还疏于整顿,这如何能打胜仗呢?财政管理,基本上没有法度,只靠人的道德自律,尽管皇上本人俭朴节约,百姓却没有富足。幸亏夷狄不够强大,又没有尧舜时期的水涝旱灾,所以天下无事,这都是上天保佑的结果。万一夷狄强大起来,又遇上天灾呢?继承帝业,是不能总凭上天保佑的,要靠人治,靠陛下的智慧和作为。陛下"大有为之时,正是今日"。

神宗对《本朝百年无事札子》读之再三,沉思良久,大有"醍醐灌顶"之感,决心重振大宋,任命王安石为宰相,开始"变法"。

王安石成了变法的"总设计师"。

三

王安石以富国强兵为圭臬,颁布法令,施行农田水利法、青苗法、均输法、保甲法、免役法、市易法、保马法、方田均税法等一系列新法,核心是富国之法、强兵之法、取士之法。在他的眼前,一幅大宋振兴图正在徐徐展开。

时值春节,千家万户,张灯结彩。爆竹声声,旧的一年过去了;春风习习,新的一年开始了。拿出屠苏酒来,好好喝一杯。旭日东升,云蒸霞蔚,千家万户兴高采烈,把门前的旧桃符换下来,挂上新桃符。新桃换旧符,是常道,是规律,无法阻止,不可抵挡。

北宋正在"新桃换旧符",本朝将会真正的"百年无事"了。

王安石废寝忘食,发愤工作,不修边幅,一副邋遢的样子,被人称为"囚首丧面"。一天,仆人告诉王安石的夫人,说王安石爱吃鹿肉丝。王夫人说:"没听说过他爱吃鹿肉丝啊。"仆人说:"我亲眼所见,他把那盘鹿肉丝吃光了,别的菜都没动。"王夫人说:"你们把鹿肉丝摆在什么地方了?"仆人说:"摆在他的正面跟前。"王夫人笑道:"下回你把鹿肉丝摆到离他最远的地方,不要摆在他的跟前。"第二天,仆人照做了。一看,王安石头也不抬,只顾吃眼前的菜,鹿肉丝一口没吃。

和历史上任何变法一样,王安石的变法也遭到了激烈反对。毁谤如明枪暗箭,王安石成了"靶标",浑身刺满箭簇。但是法令已经颁布,就要施行下去,否则就会失信于民。王安石一边擦掉身上的血迹,一边继续前行。

反对变法的,有小人,也有君子。小人出于私心,君子出于公心。司马光就是反对变法的君子。他看到许多人反对变法,担心继续下去,王安石的功名会毁掉,朝廷的祸患也会日深,因此,他诚恳地写了一封信《与王介甫书》给王安石。信中首先高度评价王安石,说他久负盛名、才高八斗,是济世之才。然后司马光委婉地告诫王安石,新法侵夺了官吏们的职权,且无端生事,夺去百姓财利,王安石拒不接受谏官的意见,已经惹起众怒。司马光说王安石已经遭到各种诋毁,之所以造成这样的结果,就是因为"用心太过,自信太厚",这样下去,对王安石不利,对国家更不利。司马光希望王安石能够改弦更张,不要再继续实施新法了。

对此,王安石"晓之以理",写《答司马谏议书》,回复司马光:

受命于皇上,拟定法律,交朝廷修改决定,再由官吏执行,不能算是侵夺官权;用古代贤明君王的治国方略施政,兴利除弊,不能算是制造事端;为治理天下而整顿财政,不能算是与百姓争利;驳斥邪说、鞭挞奸佞,不能算是听不进意见。至于诽谤之音,是预料之中的事。

谩骂之声不绝于耳,指责之声随处可闻,大臣们控告王安石变法是"变祖宗法度"。祖宗岂能不尊?祖宗之法岂能更变?这不是数典忘祖吗?这不是大逆不道吗?这不是祸国殃民吗?"四面楚歌"中,王安石心如顽石,铿锵以对:

天变不足畏,祖宗不足法,人言不足恤。(《答司马谏议书》)

天变对应自然，祖宗对应传统，人言对应毁谤。风雨雷电、山摇地动，是天地间的自然运行，不用畏惧；前朝规制、先人遗训，可管一时而不可管万代，因为运势不同，不用死守不放；事修而谤兴，德高而毁来，从来如此，随他去，不必理会。

变法，就是变祖宗之法。

这当然要遭到保守势力的"围剿"，这是人祸。没想到，人祸之后，天灾又来。熙宁七年春，北宋竟然遭逢百年不遇的大旱，灾民四处流浪。这本是"天变"，"不足畏"。但是保守派却借此大做文章，把"天灾"归罪于"人祸"，上疏神宗，并配上绘制的灾民困苦图，"图文并茂"地控诉王安石，要求停止变法，罢黜王安石。神宗终于顶不住压力，罢黜了王安石，官降原职，任江宁知府。

王安石被逐出京城，重回江宁。

四

变法使北宋国力大增，全国耕地面积达到7亿亩，这是前所未有的，耕地的单位亩产也大幅度提高，矿产品的产量是盛唐时期的几十倍，商品经济空前发达，军事实力大大增强。

然而，即便如此，王安石也抵不住毁谤，他怎能不黯然伤神？人生一世，最多不过百年，就在这纷纷扰扰中瞬间度过，苍茫世界，芸芸众生，有几个识道、得道之人呢？煞费苦心地讲了那么多道理，竟然没有几个人能听得懂，劳心费神，白忙一场，这又是何苦呢？

在贬谪的路上走着，王安石想起了商鞅。和商鞅比，自己的遭际算得了什么呢？不值得一提。变法伊始，自己就以商鞅为榜样，可是，自己的成就比商鞅如何呢？商鞅变法变出了一个强大的秦国，我变法变出来一个什么呢？变得出一个大宋王朝吗？惭愧啊！不过，商鞅也是分两次进行变法啊，我这不是才第一次变法吗？难道我就不能第二次变法吗？想到此，王安石精神好了许多。

哦，到瓜州了。抬望眼，向南看，一江之隔，几重山后，就是江宁了，又可以登金陵高台了。啊，还是江南好啊，绿油油的田野，碧水蓝天，暖风和煦，好一派怡人风光。王安石诗兴大发：

京口瓜洲一水间，钟山只隔数重山。
春风又到江南岸，明月何时照我还？（《泊船瓜洲》）

吟罢，颇感得意。得意中，又似乎有点不得意。"春风又到江南岸"，这个"到"字好像还有点不尽意。用个什么字好呢？

用个"过"字呢？春风又过江南岸？似乎也不尽意。
用个"满"字呢？春风又满江南岸？似乎也不尽意。
用个"入"字呢？春风又入江南岸？似乎也不尽意。
用个"拂"字呢？春风又拂江南岸？似乎也不尽意。
……

搜索枯肠，王安石似乎感到"江郎才尽"了，他捻着胡须，不禁想到了卢延让的《苦吟》："吟安一个字，拈断数茎须。"此话自己以前曾经诵过，笑其夸张，今日才知所言极是！不"吟安"这个字,心不静啊!哦,有了!用"绿"字,春风又绿江南岸,尽意了!

"明月何时照我还",还,还向何处?江宁?江宁就在跟前,用不着"明月何时"那么长时间的等待。还向京城?对喽,是还向京城啊!但,那是需要等待的,急不得啊。

只要明月在,一定会还向京城的。

五

离开王安石,宋神宗独木难撑。一年后,宋神宗将王安石诏回京城,再次拜相。

不过,这只是变法的"回光返照",面对强大的反对势力,王安石只能独自撑持。最终,变法失败,王安石"还向"江宁。

王安石蔑视"胜利者"。在他的眼里,这些"胜利者",不过就是孟尝君养的食客。当年,孟尝君被秦昭王扣下,为了逃命,让手下的一个会披狗皮偷东西的食客,从秦宫的库房里偷出白色的狐皮裘,贿赂了秦昭王的宠妾,宠妾向秦王求情,秦王放了孟尝君。孟尝君连夜逃跑,跑到函谷关,按照关法,要等到鸡叫,才能开关。这时天还不亮,鸡还没叫,而秦王后悔放了孟尝君,派兵急追而来。这时,孟尝君的一个食客会学鸡叫,他一叫,附近的鸡就都叫了,城门打开,孟尝君得以逃命。孟尝君要是有本事的话,可以帮助齐国南面称王,战胜秦国,还用得着养这些鸡鸣狗盗之徒,靠他们救命吗?孟尝君不就是那些鸡鸣狗盗之徒的头子吗?今天的这些胜利者,不过就是鸡鸣狗盗之徒罢了。

王安石再次回到江宁,再次住进知府大院。

院子里有两棵树,一棵是孤桐,还有一棵,也是孤桐。

王安石凝视着孤桐。树干笔直、坚劲,没有丝毫的弯曲,也没有丝毫的歪斜,高高的,直向上去,刺向云端,俯瞰一切,蔑视人寰。这是两棵老树,树皮粗糙,树叶繁茂,树根粗壮,任凭是谁也扳不倒它。帝舜一边弹着五弦琴,一边唱"南风之薰兮,可以解吾民之愠兮"。可以砍倒这孤桐,用它做五弦琴,边弹边唱,为民解忧。我王安石不也是这孤桐吗?被人斫斫的遍体鳞伤,最后做成了这五弦琴,为民解忧,也值了。

月高星稀,秉烛读史。人,万千辛苦,换来的也不过是史书上的寥寥几笔。就是这寥寥几笔,还不知道由谁来写、写成什么样。管仲算得上"青史留名"了,可是吴起、商鞅呢?吴起被乱箭射死,商鞅被五马分尸,功过是非,谁说得清呢?这发黄的纸上,有多少是真,有多少是假呢?好多都是以讹传讹、以假乱真,后人怎么辨别真假呢?我王安石的历史怎么写呢?谁来写呢?若是那帮"壬人"来写,他们能写得好吗?他们不懂,流俗终究不是清雅,糟粕终究不是精华。他们不懂,画虎,最难的不是画皮,而是画骨;画人,最难的不是画像,而是画神;写史,最难的不是写事,而是写人。我王安石是个怎样的人,他们懂吗?就让他们去写吧,寥寥几笔岂能写尽圣贤的品格、境界;就让他们去写吧,就让我埋没在历史的尘埃之中吧。

元丰八年(1085年),全面废除新法,"旧符"换"新桃"。

王安石轻叹一声,把史书扔到了一边,再也不去翻它。

千古风流人物

一蓑烟雨任平生。

——《定风波》

一

苏轼,字子瞻,眉州眉山人,生于1037年1月8日,卒于1101年8月24日。

嘉佑二年(1056年),京城进行科举考试,主考官是欧阳修。欧阳修学养深厚,才华横溢,为人谦和,做事公道。当一个个考生从他身边走过,一份份考卷从他眼前划过时,他都有一种似曾相识的感觉,这些回答鲜有新意,令他不禁有些失望。正在这时,一份考卷犹如云层中的一道闪电,让他为之一振。文章的题目是"刑赏忠厚之至论"。文中说,奖赏的时候,如果有疑问的话,应该尽量奖赏;处罚的时候,如果有疑问的话,尽量不要处罚;功劳大小有疑问的话,尽量从重奖赏;罪行轻重有疑问的话,尽量从轻处罚。这样做,可以显示出君王的宽厚仁义。尧当政的时候,皋陶掌管刑罚,要处死一个罪犯。皋陶第一次提出要杀,尧说不杀;皋陶第二次提出要杀,尧还说不杀;皋陶第三次提出要杀,尧仍说不杀。欧阳修学富五车,却不知道这个典故出自哪里。他本想给这个考生评为第一,但恐怕这份试卷是自己的学生曾巩所做,为了避嫌,就给评了个第二。待试卷拆封后,一看姓名,才知这个考生叫苏轼。他问苏轼,"当尧之时,皋陶为士。将杀人,皋陶曰'杀之'三,尧曰'宥之'三。故天下畏皋陶执法之坚,而乐尧用刑之宽"这段话出自何处?苏轼答:语出《三国志·孔融传》。欧阳修赶紧翻书,翻了半天也没找到,问怎么回事。苏轼答:曹操灭了袁绍,把袁绍儿媳赐给了曹丕,孔融说周武王伐纣,把妲己赐给了周公,曹操一听,大惊,问你是怎么知道的?孔融说,这是我的想当然。曹操恍然大悟,欧阳修也恍然大悟,为苏轼的智慧所折服。欧阳修对人说:苏轼文章他日可独步天下,再过30年,人们就只知道苏轼,而不知道我了。王安石见过苏轼后,感慨道:"不知更几百年,方有如此人物!"

苏轼有大志。为了能够施展自己的才华,避免怀才不遇,他总结先人的经验。

他研究贾谊,写了《贾谊论》。贾谊虽有辅佐君王之才,但为什么没有被君王重用,才能得不到施展呢?这不能只怪君王不识人,贾谊也有过错。什么过错呢?"夫君子之所取者远,则必有所待;所就者大,则必有所忍。"君子要有远大目标,就要能够等待;君子要想成就大业,就必须会忍耐。贾谊的过错就在于他不会等待时机,不能忍耐。不是汉文帝不重用他,而是他不会利用汉文帝,"若贾生者,非汉文之不能用生,生之不能用汉文也"。君臣之间是互用的,君可用臣,臣亦可用君,苏轼用"辩证"的观点和方法,弄清了君臣之间用与不用的关系。贾谊"志大而量小,才有余而识不足也",只能抑郁而终。自古以来,才华出众的人,都是有个性的、不合时宜的人,"非聪明睿智不惑之主,则不能全其用。"要想施展才华,被君主所用,也能用君主,就要学会等待、学会忍耐,就要志大、量大,就要有才、有识。

他研究晁错,写了《晁错论》。感慨道:"古之立大事者,不惟有超世之才,亦必有坚韧不拔之志。"例如,大禹治水,他要凿龙门、决大河,放水流入大海,要完成此大事,就要有承受决堤、漫堤的意志,面对突发的灾祸,要有毫不畏惧、逆流而上的勇气,要有泰山崩于前而色不改的气度。否则,就做不成大事。而晁错虽然有超世之才,但是没有盖世之勇。他建议景帝削弱七国诸侯的实力,结果引发七国叛乱。他本应奔赴战场,平定叛乱,却劝说景帝御驾亲征,自己留守京城,大敌当前,他把危险给了君主,把安全留给了自己,这怎么能成大事,怎么能有好下场呢?景帝只好按照七国"清君侧"的要求,把晁错杀了。"世之君子,欲求非常之功,则无务为自全之计"。晁错要是亲自领兵抗敌,不一定会失败,也许能够成就大业。但是,他为了保全自己,把皇帝推到了第一线,最终引来杀身之祸。因此,要想成就大业,就要无所畏惧,就要在关键时刻,把危险留给自己。

他研究张良,写了《留侯论》。感慨道:"古之所谓豪杰之士者,必有过人之节。人情有所不能忍者,匹夫见辱,拔剑而起,挺身而斗,此不足为勇也。天下有大勇者,猝然临之而不惊,无故加之而不怒。此其所挟持者甚大,而其志甚远也。"张良即是如此"豪杰之士"。有一天,张良在一座桥上散步。这时来了一个老者,其貌不扬,破衣烂裳,把自己的鞋扔到桥下,对张良喝道:"去,把鞋给我捡回来!"张良心想,我凭什么给你捡鞋啊,又不是我的过错。但是,看着老者的样子,张良还是忍着,到桥下把鞋给捡了回来。老者又说:"小子,给我把鞋穿上!"张良有点生气,这不是侮辱人吗?但还是忍了,蹲下去,给老者把鞋穿上。老者很得意地走了,走了几步,回过身来,对张良说:"你这个孩子可以教化,五天之后,天一亮,你就来这里,咱们见面。"说罢走了。张良看着他的背影,觉得挺奇怪,不知他是什么意思。五天后,鸡一叫,张良便赶往桥头,没想到老者已经在桥头等着了。老者斥责道:"和老人相约,你不先到,反而让我在这里等你,太不懂礼了。今天我不跟你说话,五天后再来,你可不要让我等你啊!"五天后,天不亮,张良就赶到了桥头,结果又是老者先到。老者又教训了他几句,要他五天后再来。五天后,张良半夜就来到了桥头。这回他走在了老者的前头。老者满意了,笑着说:"孩子,你很能忍,日后会有大作为的。十年后会天下大乱,我送你一本书,你好好看,用它可以治国。"说罢,把书放到张良手上,走了。张良一看,是一本《太公兵法》。张良日夜研读,烂熟于心,才智大增。胜与败,就在忍与不忍之间。汉高祖刘邦之所以能胜,楚霸王项羽之所以失败,就在于刘邦能忍,项羽不能忍。刘邦能忍,就是张良教他的。司马迁原以为张良是个高大魁梧的男子汉,没想到他长得竟像一个柔弱的妇人,不由感叹道:"这就是张良啊!"如果不会忍,张良就得不到《太公兵法》,刘邦就不会得天下。忍,何其重要!

才华超群,又有此"三论",苏轼昂首走上了仕途。

二

一般进士的任职是从九品,而苏轼被破格提拔,官拜凤翔府判官,一步就登上了从六品,年仅25岁,轰动官场。

第二年春天,凤翔大旱,百姓焦虑万分。苏轼到太白山求雨,天公显灵,春雨菲菲,大地润泽,百姓愁眉舒展,喜笑颜开。苏轼自然高兴,下令在扶风馆舍的旁边修建了一座亭子。苏轼说,自古以来,有了喜事,就要用一个物事来命名,以示纪念。周公得到上天赐予的稻禾,就用"嘉禾"来命名自己的文章;汉武帝得到了宝鼎,就把自己的年号称作"元鼎";叔孙打败狄人侨如,就把自己的儿子起名侨如。如今,一场雨下了三天,是谁的功劳?是太守吗?不是,太守没有这个本事。是天子吗?不是,天子不敢贪此功为己有。是造物主吗?造物主说,这不是我干的,我不管降雨。是太空吗?太空虚无缥缈,不足以命名。因此,我建的这个亭子,就让我来命名吧,就叫"喜雨亭"。命名后,苏轼并作《喜雨亭记》。

凤翔太守陈希亮作风强悍,对属下要求严苛。苏轼虽是陈希亮的属下,但是属于京官外派,身份很高,因此同僚就称苏轼为"苏贤良",以示尊重,此中也多少有点阿谀之意。对此,陈太守严加斥责:"一个判官,有什么贤良!"下令杖罚称"苏贤良"的吏员。杖打在吏员身上,也是给苏轼看,苏轼当然心生不满。陈太守官架子很大,下属前来求见,他经常迟迟不出来,让下属在厅堂苦等,等久了,有人竟打起瞌睡。苏轼又心生不满,做打油诗嘲讽:"谒入不得去,兀坐如枯株,岂惟主忘客,今我亦忘吾。同僚不解事,愠色见髯须,虽无性命忧,且复忍须臾。"意思是来客想拜见主人却进不去屋,只好如枯树般地在外面傻等,等得久了,不但主人忘了外面有客人,就连客人自己都把自己忘了。下属见上司面带不悦,也不知怎么回事,虽说性命无忧,但也只能是忍了又忍。陈太守知道了此诗,自然也心中不满。不满撞不满,自然交恶。

  陈太守的住处低洼,不能看到终南山,因此便命人挖土筑造了一座高出屋檐的高台,人们登上这高台,恍恍惚惚地弄不清这台的高度,以为突然冒出一座山来,因此陈太守给它起名叫"凌虚台"。他虽然也是进士及第,但自知才气远不及苏轼,为凌虚台作记,乃是流传百年之事,亦可为自己留名,岂能不求一流文笔。因此,他放下架子,请苏轼写《凌虚台记》。这本是两人改善关系的时机,苏轼应用华美的辞藻大加赞扬。但是,苏轼却对此不以为然。他觉得这个凌虚台不过尔尔。他说:事物的兴盛与衰败,是无法预料的。此处本是荒草丛生、狐狸毒蛇出没地方,那时谁会想到将来这里会建造一个凌虚台呢?今天建了这个凌虚台,谁能预料将来哪一天它又会成为荒草丛生之地呢?我和陈太守一起登上这个凌虚台远望,东面是当年秦穆公的祈年、橐皋两座宫殿;南面是汉武帝长杨、五柞两座宫殿;北面是隋朝的仁寿宫,也就是唐代的九成宫。当年它们是何等的华丽壮观!它们百倍于凌虚台的高度,可现在怎么样呢?都成了破败的废墟,连当年的砖瓦墙垣都找不到了。几百年后,这座凌虚台又会是什么样呢?一座高台尚且保不住,更何况人呢。如果有人想靠凌虚台留名后世,那就太可笑了。也许能留名,但那要靠济世利民,与此台无关。

苏轼似乎忘了他的《贾谊论》《晁错论》《留侯论》,全然"不忍"。这当然让陈太守感到扫兴,对苏轼愈发不满。二人不和,最终苏轼被调离他处。

宋神宗元丰二年,变法派的主要人物已经隐退,保守派的主要人物也已经失势,神宗需要股肱之臣。此时的苏轼,已经在很多地方任职,政绩斐然、官声琅琅、文名赫赫,他进入了神宗的视野。

此时的神宗虽然弃用了变法派,但仍然坚持变法。苏轼既不是变法派,也不是保守派,他对神宗的一些做法不以为然,总和神宗"唱对台戏":

神宗兴修水利,他说:"东海若知明主意,应教斥卤变桑田。"
神宗改革官制,他说:"读书万卷不读律,致君尧舜知无术。"
神宗禁止私盐,他说:"岂是闻韶解忘味,迩来三月食无盐。"
其实,苏轼在总体上对神宗的做法是支持的,这些不过只是随便一说而已。

元丰二年,苏轼由徐州知府调任湖州知府,依惯例,要上书表奏,以示谢恩。于是他写了《湖州谢上表》。先是感谢神宗的擢拔之恩,然后是一番自谦,写着写着,不知怎的,就发了牢骚:

> 知其愚不适时,难以追陪新进;察其老不生事,或能牧养小民。

意思是说,我生性愚钝,思想跟不上那些变法之人了;我老了,做不成什么大事了,只适合做个小吏,养几个草民。

在神宗朝的语境中,"生事"是保守派攻击变法派的专用语,"新进"是苏轼对变法派新人的蔑称。

这下就让御史台的一班小人抓住了把柄。小人们之所以盯上了苏轼,只因为苏轼才华太出众、名气太大,只因为苏轼有可能升任宰相,阻滞他们的仕途。他们立刻向神宗奏本,告苏轼"愚弄朝廷,妄自尊大",贬斥苏轼"初无学术,滥得时命",弹劾苏轼"作为诗文讪谤朝政及中外僚臣,无所畏惮",说蔑视皇上者,没有能超过苏轼的。

神宗大怒,立刻把苏轼关进大牢。在牢里,苏轼被狱卒打得皮开肉绽,遭受百般侮辱。

是死,是活?苏轼的命运就在生死之间。

儿子苏迈每天去监狱给苏轼送饭,但父子不能见面,他们预先定了个暗号,如果送的是蔬菜,就是平安,如果送的是鱼,就是判死。有一天,苏迈有事,就托一个亲戚送饭,他忘了告诉亲戚暗号。亲戚好意,特意送了一条鱼去。苏轼一看,以为死期将至。

御史台的夜晚,冷气森森,寒霜逼人。苏轼在大牢里踯躅着,夜风中屋檐下系着的铃铛叮当作响。多少回,他在梦里像鹿一样自由地奔跑,可是醒来时却魂飞魄散,自己的命就像在汤火中烧煮的鸡。眼前是儿子悲伤的眼神,唉,我的儿子!等我走后,家中的老妻可如何过活?真是对不住她了!杭州的百姓知道我在狱中,还专门为我做道场,为我解除厄运,杭州的百姓真好啊!来日无多了,死后就把我葬在杭州吧。

苏轼也确实命悬一线,君子们展开了集体大营救。变法派和保守派的重量级人物都纷纷上书,请求神宗刀下留人。宰相吴充对神宗说:"陛下以尧舜为法,为什么就容不下苏轼呢?"王安石上书神宗:"安有圣世而杀才士乎?"曹太后对宋神宗说:"当年仁宗对我说,我得到了两个宰相之才,一个是苏轼,一个是苏辙。你怎么能杀苏轼呢?咱们的太祖定下了规矩,不能杀士大夫。苏轼无非是写了几句诗,说不定是小人在暗算他呢!"在各方合力挽救之下,神宗下旨,免去苏轼死罪,贬出京城,到黄州任职。

因御史台柏树上多是乌鸦,人称御史台为"乌台",称苏轼案为"乌台诗案"。尘埃落定后,御史台的乌鸦不叫了。

苏轼走出牢房,生命又属于他自己了。世间最宝贵的就是生命啊!顶撞陈太守是小不忍,冒犯皇上是大不忍。小不忍的结果顶多是不愉快,大不忍的结果是险些丧命。此时,他想起了自己写的《贾谊论》《晁错论》《留侯论》,深叹一声:"唉,不是想得挺清楚明白吗?怎么就糊涂了呢?怎么就不忍呢?真不是做大事的人啊!"他暗自嘱咐自己:以后再不写什么了,声名越低越好,跟谁也不斗了,就做个草野之人吧。

苏轼带着满身的伤痕,走向黄州。

三

黄州一片荒凉。肮脏的街衢,破旧的房舍,没有一点生气。苏轼是戴罪之身,黄州政府不给他安排住处,也不给他俸禄。举目无亲,何处栖身?

他漫无目标地在黄州走着。在冷漠之地,只有寺院是温暖的。黄昏时分,他走到一处寺院,抬头看,这寺院名叫"定慧院"。走进去,与僧人作揖,请求留宿。僧人便把一间破旧的房子给他居住。

寒月当空,疏星冷照,四野无声。苏轼伫立窗前,寂寞罩上心头。凤翔、密州、徐州、湖州,一路走来,他何曾潦倒至此。乌雀尚可择木而栖,我却何以居此陋室?

有了栖居之所,接下来要解决的是全家二十几口人的吃饭问题,苏轼一家仅靠当官时的一点积蓄是维持不了多久的。还好,黄州太守开恩,给了一块荒地让苏轼耕种。苏轼穿上农夫的衣服,带着全家烧荒,挥着镢头、铁掀翻地,过起了"日出而作,日落而息,帝力于我何有哉"的生活。苏轼做得文章,事得稼穑,一日三餐,怡然自得。

他耕种的这片荒地,地处城东,是块坡地,他便给此地起名为东坡,并以此作为自己的字号。从此,人们就叫他"苏东坡"。

苏东坡,是一个感恩土地的名字。

远离京城,忘却乌台,泛舟江水,苏东坡有一种"飘飘乎如遗世独立,羽化而登仙"的感觉。人生在世,犹如蜉蝣于茫茫天地之间,又不过是沧海之一粟,何等渺小。江水长流,逝者如斯,天地万物,什么是属于你的呢?什么都不属于你,你什么都带不走,你不过是天地间一个匆匆的过客而已。清风不止,明月高悬,这才是万古不灭的。

船过赤壁,有人指着前方告诉苏东坡:"看见了吧,那里就是当年孙、刘与曹操大战的赤壁。"苏东坡顺着手指的方向看去,除了一片赭红色的山岩外,什么都没有。当年的孙权、周瑜、曹操、刘玄德、诸葛孔明哪里去了?深锁二乔的铜雀台哪里去了?漫江争游的战船哪里去了?鼓角争鸣、奋勇厮杀的百万大军哪里去了?一切似乎都在,一切又全都没有,一切都成了传说。历史的苍凉,让苏东坡仰天长叹:

大江东去,浪淘尽,千古风流人物。故垒西边,人道是:三国周郎赤壁。乱石穿空,惊涛拍岸,卷起千堆雪。江山如画,一时多少豪杰。

遥想公瑾当年,小乔初嫁了,雄姿英发,羽扇纶巾,谈笑间、樯橹灰飞烟灭。故国神游,多情应笑我,早生华发。人间如梦,一樽还酹江月。(《念奴娇·赤壁怀古》)

黄州的天空,不,应该说,中国的天空,响起一声文化惊雷。

四

在黄州过得正好时,朝廷忽然调苏东坡去汝州任职。

苏东坡携家带口,赶往汝州。一路走着,一路想着,他不知道此去是凶是吉。他已经习惯了黄州,爱上了黄州。在黄州,他寄情山水、酒中作乐,有神游般的感觉。多少回,他半夜喝醉了醒来,醒来了又醉,三更天回到家门口,敲门门不应,只听得见家童的打鼾声。多少回,月色迷离,他不忍睡去,找二三好友,在承天寺的庭院里散步,道心中所想,看松柏竹影。就是在黄州,他远离了、也忘掉了官场。就是在黄州,他的诗词独步天下,他的心升腾到了九天之上。多好的日子啊!可惜,官身不由己,又要走上仕途了。"长恨此身非我有,何时忘却营营?"

路过九江,庐山就在眼前。远远望去,庐山隐没在云雾之中。远看,绵延起伏;近看,拔地擎天;左看,雄浑壮阔;右看,清丽透迤。庐山,到底是个什么样子呢?苏东坡看了半天,也没看清楚。这是怎么回事呢?庐山就在眼前,怎么就不露真容呢?他沉思片刻,悟出来了:"不识庐山真面目,只缘身在此山中。"是的,朝廷不就如一座庐山吗?你能看得清吗?庐山虽然看不清,但有隐逸朦胧之美。朝廷又美在哪里呢?

他不想离朝廷太近,于是奏请朝廷,想去常州。就在此时,神宗驾崩,司马光执掌朝政,变法一派被彻底推到一边。垂帘听政的高太后对苏东坡极为赏识,司马光与苏东坡又私交甚好,于是苏东坡被调回朝廷,在极短的时间里,从起居舍人,到中书舍人,再到翰林学士,再到知制诰、再到知礼部贡举,青云直上,离宰相只有一步之遥了。从黄州的东坡,到汴京的金銮殿,苏东坡的晋升犹如腾云驾雾。

此时的朝廷里已满是保守派,变法派被"全盘否定"。

苏东坡反对这个"全盘否定"。当新法兴盛之时,他挑新法的毛病;当保守派得势的时候,他挑保守派的毛病。

面对保守派的"凡新法必反"的做法,苏东坡不以为然,认为新法有许多地方是可取的、有益的,因此"应该较量利害,参用所长"。在保守派看来,苏东坡这是在为新法张目,对他很不满。

北宋打败西夏吐蕃后,文武百官提出要和西夏议和。苏东坡又不以为然,王者之师怎么可以和败军议和呢?应当乘胜追击,不留后患。他说:"为国不可以生事,亦不可畏事。"这又引得百官不满。

苏东坡只要保持沉默,或随便附和两句,就可以在朝中站稳脚跟,继续向上攀升。但,他就是管不好自己的嘴。面对人们的冷眼,好友的规劝,他摸着肚子,笑呵呵地说:"我是一肚子的不合时宜。"

既然不合时宜,那就走!乌台依旧在,此处并非存身之地。苏东坡请奏朝廷外放。朝廷准奏,苏东坡任龙图阁学士、知杭州。

走出金銮殿,苏东坡犹如鱼归大海。

五

西湖是杭州的面容。

十几年前,苏东坡在任杭州通判时,西湖碧水涟涟,明澈照人,宛若美女。苏东坡陶醉其间,大赞其美:

水光潋滟晴方好,山色空蒙雨亦奇。
欲把西湖比西子,淡妆浓抹总相宜。
(《饮湖上初晴后雨二首·其二》)

然而,十几年过去,此时的西湖荒草丛生,淤泥壅塞,破败不堪,犹如美人毁了容。不仅如此,由于西湖存水不多,农田缺水,连年歉收,百姓叫苦连天。

西湖美,则杭州美;西湖富,则杭州富。苏东坡以重建西湖为"抓手",动员 20 万人疏浚西湖,用湖中的淤泥筑成一条横贯西湖的长堤,成为湖中通衢。百姓大赞,称此堤为"苏堤",苏堤成为西湖一景。为了有效监控西湖中的淤泥壅塞情况,苏东坡命人在湖中最深的地方建了三座塔,以观测水位。这三座塔在明月下,与湖水相印,竟成为"三潭印月"的奇景,引发了无数文人墨客的诗兴,"科学"变成了"文学"。苏东坡再次让西湖成为西子,并为西子赠送了苏堤、三潭。

整修完西湖,苏东坡开始建造自己的家园,房子无论大小,但院内必须有竹:

宁可食无肉,不可居无竹。

无肉令人瘦,无竹令人俗。(《于潜僧绿筠轩》)

院内有竹,无须照镜,竹即我,我即竹。

苏东坡忘了官场,小人却忘不了苏东坡。苏东坡再次被小人的谗言所害,被贬到颍州。颍州也有一个西湖,也是淤泥壅塞,杂草丛生,形如一个烂泥塘。苏东坡卸下行囊,立刻展开行动,让颍州西湖重现美景,在湖上也筑了一个"苏堤"。他刚把颍州治理好,又被贬到岭南惠州。而惠州也有一个不成样子的西湖,苏东坡把家里的积蓄拿出来,资助疏浚惠州西湖,在湖上又筑了一座"苏堤"。西湖成了惠州的一颗明珠,百姓狂欢,"父老喜云集,箪壶无空携,三日饮不散,杀尽西村鸡"。

欢喜中,苏东坡的老友王巩来了。他也受"乌台诗案"的牵连,被贬谪,一路坎坷。此时是他结束岭南的宾州贬谪生活,北归的时候。王定国面容俊朗、仪表堂堂,他的红颜知己柔奴能歌善舞、聪慧妩媚,一路相随,陪伴王定国度过艰难岁月。席间,苏东坡问这一路的坎坷,是何心境?柔奴说:"此心安处,便是吾乡。"苏东坡听罢,心为之一动:常常羡慕世间如同玉琢的男子,上天怜惜,给他配了美女娇娘,终日陪伴在他的身边。这美女明眉皓齿,歌如莺啼,众人止不住地夸赞。风起时,她的歌声如雪片般地飞过来,炎热立刻变清凉。美女啊,你从遥远的地方归来,一路风尘仆仆,却显得更加年轻、更加美丽了。你微微一笑,这微笑里也散发着岭南梅花的芬芳。问你岭南的生活不太好吧？你却说："安得下心的地方，就是我的故乡。"

王定国北归，苏东坡却再次南下，被贬去海南岛的儋州。儋州，蒙昧荒蛮，历来被贬到儋州的人，极少能活着回去。

乘一叶扁舟，在大海中颠簸。此时，苏东坡已经62岁，他感到儋州就是生命的归宿。哪里的黄土不埋人呢？也好，不遭贬谪，能走这么多地方吗？

被贬儋州，与被贬黄州一样，也是没有俸禄，没有官舍。苏东坡又和在黄州时一样，向儋州太守要了一块荒地，早出晚归地耕作。儋州百姓早闻苏东坡的官德、文名，携手为苏东坡建了几间草房，苏东坡将其命名为"桄榔庵"。在这个"庵"里，苏东坡写道：

芒鞋不踏名利场，一叶轻舟寄渺茫。
林下对床听夜雨，静无灯火照凄凉。（《雨夜宿静行院》）

儋州没有"西湖"，不用再筑"苏堤"。

自古以来，儋州没有进士及第之人。苏东坡抖擞精神，开垦儋州这片文化荒地。他开办学堂，以身试教，引来大批学子。他将儋州文化陡然提升到一个空前的高度，苏东坡在儋州构筑了一个文化"苏堤"。

儋州人民视苏东坡为天降菩萨，奉他为神灵。他们把苏东坡走过的路叫作"东坡路"，把苏东坡走过的桥叫作"东坡桥"，把苏东坡用过的井叫作"东坡井"，把苏东坡种过的田叫作"东坡田",他们甚至仿造苏东坡的帽子,戴在自己的头上,叫作"东坡帽"。"东坡"一词,成为了儋州文化的重要元素。

苏东坡心安在儋州,视儋州为"吾乡",在百姓中,尽享鱼水之乐。

新皇登基,苏东坡获赦,复任朝奉郎,踏上了北归之路。

途中,苏东坡路过金山寺。走进寺里,就见一个人坐在花园的石头上,头戴"子瞻帽",手握拄杖,神情肃穆,意气风发。定睛一看,哦,这是一幅画,画中人就是他自己啊!十年前,苏东坡在驸马王诜的西园参加聚会时,画家李公麟为他画了这幅肖像。没想到,自己"获罪"十年,金山寺住持竟能冒险将此画保留下来!苏东坡凝视着画像,久久无言。犹记得初入仕途,正当得意之时,自己曾写过:"人生到处知何似,应似飞鸿踏雪泥。泥上偶然留指爪,鸿飞那复计东西。"(《和子由渑池怀旧》)那时,已经知道人生不过是"雪泥鸿爪"而已。走了一路,得意在哪里呢?功业在哪里呢?不过是进士及第,不过是官至三品。这些,不过是雪泥上的鸿爪,留不下的。那得意、功业是什么呢?苏东坡轻叹一声,提起笔来,在画像边上写道:

心似已灰之木,身如不系之舟。
问汝平生功业,黄州惠州儋州。(《自题金山画像》)

生命之舟,在风雨飘摇的大海颠簸。
黄州、惠州、儋州,这才是苏东坡的"吾乡"。

一 怀 愁 绪

生当作人杰,死亦为鬼雄。

——《夏日绝句》

一

李清照,号易安居士,齐州济南人,生于1084年。

一个清丽的早晨,朝阳初上,树枝上挂着露水。一个纤弱、秀丽的姑娘,穿着轻薄的罗衣,荡着秋千。秋千荡得很高,起起落落,飘飘悠悠。荡着秋千,姑娘出了一身汗,薄薄的衣服都湿透了。她停下来,懒洋洋地揉着手腕,忽然见有客人来了,赶忙躲避,情急中,她的鞋掉在了地上,头上的首饰也掉到地上,羞死人了。这些都顾不得了,她袜子着地,跑回家,又回头倚着门,看来客是谁。哦,是一个高大、英俊的小伙子。姑娘忍不住,闻着门前的青梅,淡淡的梅香扑鼻而来。小伙子走了,看着他的背影,姑娘口吟一词:

蹴罢秋千,起来慵整纤纤手。露浓花瘦,薄汗轻衣透。
见客入来,袜铲金钗溜。和羞走,倚门回首,却把青梅嗅。
(《点绛唇·蹴罢秋千》)

姑娘名叫李清照。

小伙子名叫赵明诚。

赵明诚是为李清照而来,因为李清照的一首词:

常记溪亭日暮,沉醉不知归路。
兴尽晚回舟,误入藕花深处。
争渡,争渡,惊起一滩鸥鹭。(《如梦令·常记溪亭日暮》)

赵明诚醉入词中。一个女子,和伙伴们玩着,竟然喝得大醉,乐不思蜀,都忘了回家。玩够了,才划着小船返回。可划着划着,又误入迷途,划进了荷花深处。赶紧往外划,桨声惊起了一片栖息的鸥鹭。

这是个怎样的女子啊,竟然能写出如此好词!一打听,词作者是李清照。大名鼎鼎,早就听人们传说,章丘出了个才女,词作了得。能作出此等词来,绝非一般女子。

赵明诚找了个借口,来到李府,寻找他心中的那只"鸥鹭"。

但是,没有见着。李清照躲在了门后。

赵明诚走后,李清照跟家人问询,方知赵明诚是监察御史赵挺之的三子,爱读书,有禀赋,尤喜金石学。

李清照很想见赵明诚。

赵明诚很想见李清照。

天赐机缘,两人在元宵节相国寺赏花时相遇了。

相遇,就有了诗词唱和,就有了月色秋波:

绣面芙蓉一笑开,斜飞宝鸭衬香腮。眼波才动被人猜。
一面风情深有韵,半笺娇恨寄幽怀。月移花影约重来。
(《浣溪沙·闺情》)

赵明诚体味着李清照的词韵。一个美丽的姑娘,笑起来,那笑容就像荷花盛开,她云鬓斜坠,手衬香腮,眼波顾盼,你可知道她的心事?一脸温柔,两眼深韵,提笔寄情,只写了半页,便满纸相思幽怨。

好词啊!平日里,赵明诚也是诗词满腹的。而此时,他想和上一首,竟有些胆怯。在这样的才女面前吟诗作赋,岂不是"班门弄斧"?

赵明诚望着李清照,啊,婷婷袅袅,风姿绰约。啊,此女更不知几百年得见一回!

两人执手,晚风轻拂,月色迷离。

赵明诚问:"看过张耒的《读中兴颂碑》吗?"

李清照一笑:"当然看过。"

赵明诚说:"你觉得如何?"

李清照答:"此诗自是好诗。"

安史之乱平定后,大唐恢复了生机,国泰民安,百废俱兴,进入了"中兴"时代,国人在浯溪东崖立了一块"中兴碑",以志纪念。唐代诗人元结为此碑作《大唐中兴颂》碑文,大书法家颜真卿亲笔书写此文,并刻于碑上,珠联璧合,被称之为"双绝"。宋代诗人张耒凭吊古迹,瞻仰中兴碑,赋诗一首《读中兴颂碑》,获文士们大赞。

赵明诚说:"张耒诗抚宋追唐,诗家亦有史家之风啊!"

李清照说:"唐玄宗在位不到五十年,就丢了江山,为什么?你去问华清池的败柳和咸阳城的衰草吧。整日斗鸡,玩物丧志,醉生梦死。叛军从天而降,勤政楼前喊杀阵阵。平叛的军队每战俱败,为玄宗千里传送荔枝的马都累死了。尧舜功德日月昭彰,岂是区区几行文字就能尽数的。郭子仪和李光弼是忠臣良将,是不用猜疑的。夏商之鉴,史书上写得明明白白。可惜的是张说和姚崇这两个宰相勾心斗角、尔虞我诈,坏了大事。"

赵明诚说:"看你一弱女子,竟有如此史感,可否和张耒一首?"

李清照说:"这有何难?"

说罢,李清照略一沉思,一字一句地吟哦起来:

五十年功如电扫,华清花柳咸阳草。
五坊供奉斗鸡儿,酒肉堆中不知老。

(《浯溪中兴颂诗和张文潜二首·其一》)

赵明诚看着眼前的李清照,简直不敢相信,如此纤弱、清丽的女子竟能有这样雄视千古、深沉博大的情怀。这不就是自己的梦中人吗?

赵明诚立刻向父母表达了迎娶李清照的愿望。

赵明诚的父亲赵挺之,官拜监察御史,权高位重。李清照的父亲李格非,为苏轼弟子,礼部员外郎,官位不高,学养深厚,廉洁清正。二人政见不同,派系有别。

正因此,赵挺之不同意这门婚事。

怎么办?赵明诚开始动脑筋。

一日,晨起,赵明诚对父亲说,自己昨夜做了一个梦,梦中一个仙人为自己作了一首诗,只记得其中有这么几句:"言与司合,安上已脱,芝芙草拔。"不知何意,请父亲解梦。赵挺之不愧是进士及第,有学问,沉思片刻,边说:"'言与司合',是'词'字;'安上已脱',是'女'字;'芝芙草拔',是'之夫'二字。合起来念,就是'词女之夫'的意思。"赵明诚接住话,立刻说:"这不就是说,我的妻子一定是个词女吗?"赵挺之一愣,知道自己被儿子"设计"了,哈哈一笑:"既如此,就这样吧。"

赵明诚"智娶"李清照,这一年,是 1101 年,李清照 18 岁,赵明诚 21 岁。

二

这是一对"文化夫妻"。李清照赋诗填词,赵明诚埋首金石,二人开始了文化对酌。

赵明诚在诗词上,自是比不过李清照。一次,赵明诚离家在外,重阳节后,忽然收到李清照的"鸿雁":

薄雾浓云愁永昼,瑞脑消金兽。佳节又重阳,玉枕纱橱,半夜凉初透。

东篱把酒黄昏后,有暗香盈袖。莫道不销魂,帘卷西风,人比黄花瘦。(《醉花阴·薄雾浓云愁永昼》)

赵明诚捧读再三,牵魂数日,连写几十首词,把这首《醉花阴》夹带在自己的词作之中,让朋友们赏鉴,看哪一首最好。朋友们沙里淘金,"淘"出了《醉花阴》,并一致认为词中"莫道不销魂,帘卷西风,人比黄花瘦"三句为绝佳。赵明诚叹道:"吾不如清照矣!"

赵明诚在《金石录》中首创"金石"一词。金石学以古代青铜器和石刻碑碣为研究对象,注重实物,证经补史,可说是考古学的滥觞。

赵明诚痴迷于金石。在太学读书,每到假期回家时,他总是先去典当行当几件衣服,然后赶往相国寺市场"淘宝",淘几件有用的碑文。

李清照也痴迷于金石。一天,她穿着姨母给她做的漂亮裙装踏青。转到一个不起眼的角落,见有一老者在摆地摊。她过去一看,见有一本《古金石考》,拿起翻看。好书!她要买下来,问价。老者说:"至少三十两。"李清照翻兜,全翻出来也不过十两,对老者说:"您明天还来吗?我明天一定给你拿三十两来。"老者说:"不行啊,我急需钱,我今天一定要把它卖出去。"李清照说:"好吧,您等我一下,我一会儿就回来。"说罢,转身就往当铺跑。当了裙装,李清照穿着单薄的衣衫回来,一手交钱一手交货,心满意足地抱着《古金石考》跑回家了。

两人以金石为乐,有金石共赏之,立志"穷遐方绝域,尽天下古文奇字"。只是囊中不时羞涩,见宝物而不得其手。有一商人慕名而来,拿了一幅南唐画家徐熙的《牡丹图》,开价20万文。二人欣赏数日,沉醉其中,却终因拿不出钱来,只好归还。眼看着宝物被人从手中拿走,二人几天都陷入怅惘之中。

为了金石,二人省吃俭用,"食去重肉,衣去重采,首无明珠翠羽之饰,室无涂金、刺绣之具"。两人共同欣赏金石、校勘奇文,在李清照的帮助下,赵明诚完成了卷帙浩繁的《金石录》的写作,共30卷,著录所藏金石拓本,计2 000余种,分门别类,予以编号,收藏的金石书画装满了10间房子,堪称金石图书馆。两人没有多少钱财,却是金石"巨富"。

三

风云突变!1127年,金兵攻陷长江以北大部地区,大举南侵,将宋徽宗和宋钦宗俘获,赵构在南京建立朝廷,北宋崩溃,南宋开始。人民成了颠沛流离的难民。

赵明诚奉调任江宁知府。李清照则留在淄州,照看金石"图书馆"。

金兵的马蹄声越来越近了。李清照决定南下。可金石实在是太多了,不可能全部带走。她精挑细选,装满了15辆大车,浩浩荡荡地出发了。

到处是携家带口的难民。他们都是带着吃的、穿的、用的,"轻装简从"。只有李清照,一个纤弱的女子,一边走,一边前后照应着自己的车队。人们很好奇,以为车里装着什么值钱的宝物,可是看着李清照一身布衣,又很奇怪,这不像是大户人家啊。有一伙痞子,拦住车队,想抢掠一下,但是掀起车上的布帘,竟是一堆看不懂、不顶吃喝的发黄的书卷,不觉扫兴,悻悻地走了。李清照松了口气。

车队走得很慢,一拨一拨的人从身边走过,他们肩挑担子,筐里有孩子、有粮食。

李清照没有孩子,只有这15车书。她是这难民队伍中的文化"挑夫"。

黄昏,驿站。路还有多远?家又在何处?喝点酒,暖暖心,却迎面吹来一阵冷风,身子不由地打了个颤。一排大雁从头上掠过,还是去年的那群大雁。满地菊花,以往赏菊时,总要信手摘几枝的,今年已全然没了兴致,任其憔悴吧。窗外,天色越来越黑,还飘来一阵细雨。

寻寻觅觅,冷冷清清,凄凄惨惨戚戚。乍暖还寒时候,最难将息。三杯两盏淡酒,怎敌他、晚来风急!雁过也,正伤心,却是旧时相识。

满地黄花堆积,憔悴损,如今有谁堪摘?守着窗儿,独自怎生得黑!梧桐更兼细雨,到黄昏、点点滴滴。这次第,怎一个愁字了得?(《声声慢·寻寻觅觅》)

愁自何来？是谁让自己、让百姓"愁"到这种地步呢？这金兵不是大宋躯体上的一块赘肉吗？怎么就不把它割去呢？西汉和东汉的历史怎么又重演了呢？

两汉本继绍，新室如赘疣。
所以嵇中散，至死薄殷周。（《咏史》）

嵇康慷慨赴死，他到死都鄙薄殷周，殷周的道德律法管不了这混乱的世道啊。

李清照的耳边犹响《广陵散》，眼前却不见嵇康。

车队行至镇江，刚想停下来歇息，没想到城中大乱。原任真定府马军的张遇在靖康之变后，聚众闹事，一路抢劫到镇江，镇江守臣钱伯言竟弃城而去。张遇的兵马在城中大肆劫掠。车队也跟着乱了，马受了惊吓，四处乱撞。李清照东奔西跑，稳住一辆又一辆马车，奋力突围，总算出了城，15车金石、书籍大半保留。李清照长舒一口气，不敢耽搁，顾不上喘口气，就招呼着车队赶往江宁。

赵明诚正在府内办公，听到下属说有一妇人赶着一大队马车在外面求见，便起身往外走。

一眼看见李清照，赵明诚简直都不敢认了。原本清丽俊美的妻子，此时像一株挂满灰土的柳树。

赵明诚握住李清照的手，不知该说什么。

李清照回身,指着车队,叹道:"唉,只拉来这些,实在拉不完了,太可惜了!"

赵明诚连声说:"人到了就好,人到了就好。"他想象不出,兵慌马乱中,李清照是怎么把这15车金石文物千里迢迢地运过来的。

夫妻二人无话,一车一车地点数着,仿佛在抚摸终于归来的孩子。

金兵仍在南侵,丢城失地的消息不时传来。李清照不再去街市上淘金石,金石多了,若再逃难,该怎么办呢?她每日在院内闲着,了无诗意。倒是雪天很好,李清照披着蓑衣,在飘洒的雪花中,登上城墙,远眺江山,觅得几分诗意,便与赵明诚吟诵。赵明诚忙于军务政务,诗意全无,每每苦于不能唱和,李清照更觉寂寥。这是时光消逝,人渐老去的寂寥,是事无所成,仰天叹嗟的寂寥。

李清照寂寥,赵明诚失意,被罢官。于是二人决定去赣江一带找个住处。船过乌江,项羽的身影浮上他们的心头。遥想当年,项羽被围困在垓下,身边仅有28人,面对几千名追兵,项羽毫无惧色,策马挥刀,独自杀入敌阵,连斩百十余人。来到这乌江边上,乌江亭长对项羽说:"江东虽小,但纵横千里,民众几十万,足以让你称王。你赶快上船渡江,再晚了,汉军追上就来不及了!"项羽笑道:"天要亡我,我还渡乌江干什么!我和江东八千子弟渡江西征,如今所剩几人,有何颜面再见江东父老!我这匹战马跟随我五年,我不忍心杀它,就把它送给你吧。"说罢,带领这几个江东子弟与汉军拼杀,他一个人又杀死几百汉军。最后,拔剑自刎,血染沙场。李清照望着奔腾的江水,呜咽的江水仿佛呜咽着楚霸王的慷慨悲歌:"力拔山兮气盖世,时不利兮骓不逝。骓不逝兮可奈何,虞兮虞兮奈若何!"且看今日之大宋,文臣武将,非逃即降,怎么就没有项羽这样的英雄呢?若项羽在世,大宋定会留有一股英雄气的。可惜,项羽死了,只留下了这一江叹息。

生当作人杰,死亦为鬼雄。
至今思项羽,不肯过江东。(《夏日绝句》)

刚走到池阳,朝廷忽然传旨,调赵明诚任湖州知府。赵明诚告别李清照,策马赴京,朝觐皇上。没过多日,竟因病不治,客死他乡。李清照为排解悲伤,乘船游海。

洪波涌起,海天一色。千帆竞渡,浪高风急。冥蒙中,一个声音似从天外飞来:"你要去往何处?"茫然。是的,我要去往何处呢?路漫漫其修远兮,岁月何其蹉跎。虽说写了不少诗词,可是有几句能留得下呢?难道就这样下去吗?纵不是男儿身,亦当作人杰啊!一个大浪把船儿高高托起,把李清照的心举向天空。

九万里风鹏正举。风休住,蓬舟吹取三山去!(《渔家傲》)

要紧的是,这保存的15车金石书籍。去哪儿好呢?赵明诚的妹婿是兵部侍郎,跟随卫太后在洪州(今江西南昌),那里应当是安定的。李清照决定去洪州。刚把这15车金石书籍运到洪州,仅三个月,洪州又被金兵攻陷,这些历尽千难万险的文物毁于战乱。李清照携带着少量的书籍,跟随难民流向金华。

在金华安顿下来。金华有两条河,一条叫东港,一条叫南港,两河在城南交汇,故名"双溪"。李清照两手空空,孑然一身,独自来到双溪。花入尘泥,留香犹在。看一江春水,几只小舟,舟载何物?就把这一怀愁绪装上这小舟吧:

风住尘香花已尽,日晚倦梳头。物是人非事事休,欲语泪先流。

闻说双溪春尚好,也拟泛轻舟。只恐双溪舴艋舟,载不动许多愁。(《武陵春·风住尘香花已尽》)

双溪不消愁,且上八咏楼。八咏楼,南朝东阳郡太守沈约建造,本名叫"元畅楼"。沈约为元畅楼题写八首诗,传颂一时,楼因此而改名为"八咏楼"。登八咏楼,天高地远,水阔山低。李清照手拍栏杆,极目海天,胸涌诗潮:

千古风流八咏楼,江山留与后人愁。

水通南国三千里,气压江城十四州。(《题八咏楼》)

有此一诗,八咏楼似乎可改为"易安楼"了。

但愁须解,李清照仍心有不甘,心有所望:

木兰横戈好女子,老矣谁能志千里,但愿相将过淮水。(《打马赋》)

她想念跃马横戈的花木兰,敬慕驰骋疆场的老英雄,但愿他们能渡过淮水回到家乡。

1155年,李清照带着"载不动"的愁,走了。

千 年 一 悟

此心光明,亦复何言!

——《临终遗言》

一

1472年10月31日,夜,浙江余姚,龙泉山瑞云楼,王家儿媳怀孕已超过十个月,迟迟不生,家里人急得转圈。夜半,老太太岑氏梦中惊醒,大叫:"神仙送子!神仙送子!"家里人急忙赶过来,问怎么回事。她说:"我做了一梦,梦见神仙抱着一个孩子,从云里降到我家,莫不是要生了?"说话间,就听见一阵婴儿"哇哇"的啼哭声,儿媳妇果然生了,男孩!全家一片欢腾。

孩子的祖父说:"孩子从云中而来,就取'云'的古字,叫王云吧。"

王云一天天长大,转眼就到了5岁,嘴里只是"咿咿呀呀",却不会说话。家里人急了,这孩子莫不是哑巴?

一天,有个僧人路过。家里人求教,孩子为何不会说话。僧人摸摸孩子的脑袋,说:"好个孩儿,可惜道破。"意思是,孩子起名云,云即是说的意思,泄露了天机。

祖父便给孩子改名,取《论语》中"知及之,仁不能守之,虽得之","必失之"之意,为孩子重新起名王守仁。

此名一改,孩子便开口说话了。不但能说话了,而且竟然能够背诵祖父平时吟诵的诗文词赋,祖父深感惊奇和欣慰,孩子虽然语话迟,但并没有"蹉跎岁月",腹中已存诗书。

孩子贪玩,迷上了象棋,整日与人下棋,不务正业,把圣贤书抛到了一边。母亲几次引导,未果,一怒之下,把象棋子扔到了河里。孩子大哭,作诗一首:

象棋在手乐悠悠,苦被严亲一旦丢。
兵卒坠河皆不救,将军溺水一起休。
马行千里随波去,士入三川逐浪流。
炮响一声天地震,象若心头为人揪。(《哭象棋》)

象棋没了,孩子抱起了《论语》。

孩子10岁时,父亲王华考中状元,赴京师做官。

余姚地处偏远,眼界狭窄,不利于孩子成长。祖父决定带孩子去京师,让孩子在京师读书。途经镇江,一帮老友在金山寺设宴招待。席间,有人提议请每个人赋诗一首,以助雅兴。正当众人颔首沉吟之际,守仁琅琅吟道:

金山一点大如拳,打破维阳水底天。
闲倚妙高台上月,玉箫吹彻洞龙眠。(《过金山寺》)

众人皆惊,一个11岁的孩子竟然能写出如此好诗!金山寺坐落在江水中,把金山寺比作拳头,打破了江面,这是何等的想象力!这不禁让人想起王安石的《题金山寺》:

天日苍茫海气深,一船西去此登临。
丹楼碧阁皆时事,只有江山到古今。

一名孩童的诗作似可与王安石比肩,想象力甚至超过了王安石,这怎么可能?或许是他爷爷事先替他作好的。不妨来个现场命题,试他一下。有人提出让孩子以"月"为题,赋诗一首。

守仁稍一闭眼,吟道:

山近月远觉月小,便道此山大于月。
若有人眼大如天,当见山高月更阔。(《蔽月山房》)

众人叹服:"奇才,奇才!"
祖父捋着胡须,笑道:"孺子小儿,何才之有!"
来到京师,父亲王华立刻就让守仁进了私塾,他要把孩子培养为王家第二个状元,登科入仕,光宗耀祖。
守仁每天捧着四书五经,嘴里"子曰"不停。他觉得孔子、孟子就在眼前,离他并不远,他似乎可以听到他们的呼吸,感受到他们的体温,甚至自己就是他们中的一员。
一天,守仁问塾师:"读书是为了什么?"

塾师不假思索地说："就像你父亲一样，考上状元，到京师做官啊！"

守仁摇摇头说："不是，读书的目的不是这个。"

塾师诧异了，问："那你说读书的目的是什么呢？"

守仁说："读书的目的是做圣人。"

塾师摇摇头："做圣人太难了，千年以来，也只有孔子和孟子啊！"

守仁笑道："我就要做圣人给你看！"

塾师正色道："不要胡思乱想，好好读书！"

守仁又"子曰"起来。

正读书间，传来北方夷族入侵的消息。守仁坐不住了，放下书，"擅自"出走，奔向居庸关。在居庸关，他查看地形地貌，在心里排兵布阵，思考取胜之道。

家里人不见了守仁，四处寻找。一个月后，守仁回来了，怀揣着兵书和他绘制的居庸关布兵图。

父亲王华斥责道："你不好好读书，乱跑什么！"

守仁说："圣人有三立，立德、立功、立言。镇守边关，保国安民，这是立功啊。"

父亲说："你个15岁的娃娃，乳臭未干，懂什么保国安民，那是武将所为，与你无干。"

守仁从怀里拿出几张纸，说："你看，这是我画的军事布防图，你呈给皇上吧，管用的。"

父亲拿过来，把纸扔到一边："好好读书去！"

守仁无奈,一跺脚,去了书房。

读圣贤书,走科举路。杭州秋闱,守仁走进了浙江乡试考场,考中了举人。接着,京师春闱,守仁再考进士,落榜。内阁首辅李东阳为官清廉,待人和善。他看过守仁的答卷,深为其才惋惜,鼓励守仁说:"你不要灰心,今年考不中,明年一定会考中的,你会和你父亲一样考上状元的。你写一篇《来科状元赋》吧。"守仁拿起笔来,一挥而就,写出了《来科状元赋》。李东阳看过,连声称赞:"好文,好文!"给几个没有考中的考生说:"你们拿去看看吧。"考生们争相传阅,在《来科状元赋》中,他们看到了一个强劲的对手,窃窃私语道:"要是他来,我们岂能考上?"嫉恨中,把《来科状元赋》撕毁了。

考生们多虑了。守仁回到余姚,无心科举,而醉心于诗词。他在龙泉山结了一个诗社,整日与诗友们对弈联诗,神游世外,好不快哉。

在父亲的督促下,过了两年,守仁又来到京师,参加考试,再次落第。有人便讥讽他:"还想考状元呢,连进士都考不上,有何颜面见人!"父亲安慰他:"没关系,考不上算不得耻辱,没考上的人多着呢,来年再考就是了。"守仁一笑:"你以考不中为耻,我以考不上为耻而耻。不就是个考试吗,中与不中,都是常事,何以为耻?"

此时,边关告急。守仁拿起了兵书,悉心研读,琢磨战法,用果核列阵,兵棋推演,旁人笑他是"纸上谈兵"。

守仁胸有方略,手中无兵,只好再次走进考场。这次他金榜题名,得中进士,戴上了乌纱帽。

这一年,守仁29岁。

二

守仁官拜刑部云南清吏司主事,奉命到直隶、淮安,审决多年积压下来的重案、要案,平反冤假错案,拨云见日,还一方晴朗乾坤。他给自己起了个号,叫阳明子。人称"阳明先生"。

走进朝廷,王阳明碰到了一个人,那就是刘瑾。

刘瑾,本来姓谈,6岁时被太监刘顺收养,便改姓刘。刘瑾随刘顺入宫,宫中的奢华刺激了他,他"立志"当太监。刘顺深知太监之苦,劝他不要走这条路。刘瑾不听,自己动手,阉割了自己。他处心积虑,百般逢迎,终于成了明武宗朱厚照的贴身太监,深得朱厚照的信任。在朱厚照的羽翼下,刘瑾结党营私,和几个内臣组成了小集团,人称"八虎",权倾朝野,为非作歹。

刘瑾的倒行逆施、胡作非为,激起了朝中大臣的愤怒。内阁大学士刘健、谢迁、李东阳等联名上书,弹劾刘瑾。在压力下,武宗只得下令诛杀刘瑾一伙。刘瑾得知消息后,恶人先告状,翻云覆雨,把刘健等人逐出了朝廷,疯狂报复与此牵连的官员。朝廷内外,阴云密布,一派肃杀之气。

王阳明"远小人,近君子",对刘瑾一伙很是不屑,平时与其没有过从。此时的他,还是局外人,与刘瑾"井水不犯河水"。

没想到,事情起了变化。

南京户科给事中戴铣和监察御史薄彦徽,仗义执言,上书武宗,历数刘瑾一伙的罪恶,恳请皇上让刘健等人回京,官复原职,还世间清白。

刘瑾大怒,立刻抓捕了二人,打入大牢。

王阳明忍不住了。南京户科给事中、监察御史,本就是言官,职责即纠正刑狱,纠劾百官。他们上书皇上,是在履行职责,岂能治罪?若是治了他们的罪,以后谁还敢说话?政治还会清明吗?王阳明要上书皇上,陈明利害,让皇上释放戴铣和薄彦徽。

朋友来劝:"刘瑾的势力太大了,你这样做,岂不是飞蛾扑火、以卵击石吗?"

王阳明说:"总要有人说话才是啊,难道就眼看着刘瑾这样下去吗?那大明不就毁了吗?"

朋友说:"大明是皇上的大明,与你何干?"

王阳明说:"大明也是百姓的大明啊,奸贼当道,百姓受难啊。"

朋友说:"难道你忘了司马迁为李陵说情的下场啦?"

王阳明怔住了。是啊,怎么会忘呢?他每次读《史记》,眼前都浮动着司马迁受刑的惨状,想着司马迁,暗自嘱咐自己不要做他那样的"傻事",遇事还是明哲保身的好。怎么现在犯糊涂了呢?

犹豫中,一个巨大的身影出现了——圣人。

圣人,就是要立德啊。讨伐奸佞、仗义执言,不正是立德吗?不正是圣人之所为吗?在奸佞面前,躲避畏缩,放任邪恶,岂是圣人之举！

王阳明深深地吸了一口气，顿觉天宽地广。他大步走出家门，直奔朝堂。

此时的武宗朱厚照已经被刘瑾邪魔附体，哪能容得王阳明申说，不等王阳明说完，就一声断喝："一派胡言，拉出去，廷杖四十！"

几个锦衣卫冲过来，把王阳明摁住，拖到了午门。

廷杖，自东汉明帝始，是专门惩罚大臣的。到了明代，廷杖达到了"成熟"的地步。廷杖，就是把人摁倒在一块木板上，将裤子扒去，用廷杖击打屁股。廷杖一般由栗木制成，击人的一端呈槌状，并包一层铁皮，铁皮上有挂钩，打下去后，再顺势一扯，就会把人的皮肉撕下一块，这样打下去，很快就会把人打得血肉横飞。廷杖时，众大臣在一旁观看，不仅可以起到杀鸡儆猴的警示作用，更是对被廷杖的人的羞辱。试想，一个衣冠楚楚的大臣，被人扒掉裤子，露着屁股在众人面前被打得皮开肉绽，那心里该是何等滋味！廷杖是分轻重等级的，有四十的，有六十的，有一百的，一般人用不了一百，打六十廷杖就会一命呜呼了。廷杖不但分等级，而且有"玄奥"：监刑官若是脚尖张开，就是"着实打"，行刑的人就会下手轻一点；监刑官若是脚尖闭合，就是"用心打"，行刑的人就下手极重，被打的人很难逃脱一死。

王阳明被压到午门，监刑官是刘瑾。刘瑾的脚尖闭合，行刑的人心领神会，高高地抡起廷杖，"啪啪"地一杖接一杖地打下去，不多时，王阳明就被打得奄奄一息了，血水染红了石板。

奇迹！王阳明虽然体弱多病,但是打完四十廷杖,居然没有死,鼻翼还在微微地颤动。刘瑾心里骂一声:"算你命大!"

王阳明被拖到大牢。

几天后,王阳明从昏迷中醒过来。他轻轻地动了一下身子,一阵钻心的疼痛。他不敢再动,静静地躺着。他抬头看一下,一缕阳光从不大的小窗上射过来,天还是蓝的。他想到了司马迁,为自己感到庆幸和欣慰。比起司马迁,自己要好多了。他不后悔,他很释然,因为他觉得自己像个圣人。孟子的名言涌上脑际:

天将降大任于是人也,必先苦其心志,劳其筋骨,饿其体肤,空乏其身,行拂乱其所为也,所以动心忍性,增益其所不能。(《孟子·告子》)

"天将降大任于是人也……"王阳明心里反复吟咏着。

廷杖之苦,牢狱之灾,这都是天将降大任的前兆啊!

大任就要降临,自己离圣人不远了。

王阳明这么想着,一兴奋,身子动了一下,又是一阵钻心的疼痛。

三

一年刑满,朝廷下诏,王阳明贬赴贵州任龙场驿丞。

山一重,水一重,越走路越远,越走地越偏,待到了龙场,王阳明举目四望，不禁倒吸一口凉气。满目乱石荆棘，不见人间烟火。来时就听人说，龙场"万山丛薄，苗、僚杂处，瘴疠频生"，是不毛之地，一看果然如此，且是超出想象的荒蛮。

既来之，则安之，先要有个住处才是。王阳明自己动手，给自己搭建了一个草房，安顿下来。

驿丞，职责就是管理驿站，不入流，不入品，在官秩之外。荒蛮之地，四野苍茫，王阳明看不到"大任"在什么地方。

一日早晨，细雨濛濛。王阳明正待起床，就听外面有人声，透过草房的篱笆望去，只见一个年老的吏目带着两个人来到这里，一个是他的儿子，一个是仆人。他们是从京师来的，赴任途中路过龙场，住在一户苗家。第二天，王阳明想去打听一下京师的情况，就派人去探视。到了近午时分，派去的人回来了，说："这三个人已经走了，蜈蚣坡下有一个老人已经死了，两个人哭得挺伤心。"王阳明说："啊，一定是那个吏目死了，可悲。"到了傍晚，又有人对王阳明说："坡下死了两个人，旁边有个人在哭。一问，是老头的儿子死了。"王阳明一声叹息："他们的家人要是知道了，多伤心啊。"又过了一天，有人来报："坡下有三具尸体，那三人全死了。"王阳明想这三人曝尸荒野，会被野狼毒蛇吃掉的，该埋掉他们，入土为安才是，便要两个仆人拿着簸箕和铁锹去蜈蚣坡。两个仆人面露难色，不想去。王阳明对他们说："跟我去吧，说不定哪一天，咱们三个也像他们一样呢。咱们今天做善事，以后咱们死了，也会有人埋咱们，不会让狼把咱们吃了。"两个仆人一听，跟着王阳明去了蜈蚣坡。王阳明一边挥锹挖土，一边念诵:"唉,我来这里是被发配,是迫不得已。而你呢,就为吏目这么个小官,千里迢迢,忍饥挨饿,跑到这里,何苦呢?你的薪俸不过是五斗米吧,在家里领着老婆儿子种地就够了,为什么非要来这里吃这碗官饭呢?用堂堂七尺之躯换这五斗米,值得吗?况且,还搭上了儿子和仆人两条人命,我真为你感到悲哀!"

三条生命,变成了三座土堆。

看着这三座土堆,王阳明感到,死并不难,不过是瞬间的事,死也没有什么痛苦,一切悲痛都留给活着的人了。可活着太难了,人究竟为什么要活着呢?变成这土堆不也很好吗?唉,人可以不在乎荣辱,却不能不在乎生死,生有生的道理。这道理是什么呢?只有懂得死,才能懂得生。那么,就体验一下死吧!怎么体验呢?不妨做一口棺材,躺进去。

于是,王阳明就制作了一口石棺,放进了一个石洞。这个石洞地处龙岗山,洞口长满青苔,藤萝密布,冬暖夏凉,幽闭恬静。

王阳明躺进了石棺之中。

王阳明"死"了。

死是无声,死是无思,死是无私,死是无为。这是什么地方?无所谓什么地方;这是什么时辰?无所谓什么时辰。所有的动,都化作了静;所有的有,都化作了无。死是生命的尽头,死是生命的顶峰。这里,一览众山小;这里,百年都是梦。

一天过去了,两天过去了,三天过去了……

第七天,王阳明微微睁开了眼睛,一道天光直射过来,天地亮了,心亮了!

王阳明张开嘴,深吸一口气,只觉身心轻扬直上,飘向九霄。

圣人之道,何须他求,全在己心!王阳明找到了走向圣人的门径。

知行合一!王阳明悟透了。

知是出世,行是入世。知是圣贤,行是豪杰。知是思想,行是做事。有知无行,知是空谈;有行无知,行之不远。圣贤是思想者,豪杰是行动者。知行合一,是思想与行动的统一,是圣贤与豪杰的结合。

人须在事上磨,方能立得住;方能静亦定,动亦定。艰难困苦,正是对心性的最好磨砺。(《传习录》)

事,是知行合一的目标、过程、着力点。

王阳明开始"立言"了:

立志:志不立,天下无可成之事。

勤学:已立志为君子,自当从事于学。

改过:夫过者,自大贤所不能免,然不害其卒为大贤者,为其能改也。

责善:"责善,朋友之道";然须"忠告而善道之"。

(《教条示龙场诸生》)

王阳明主讲文明书院,阳明之言琅声学堂,"知行合一"广布贵阳大地。

灵鹫山和博南山的苗民要为象建祠堂,请阳明为象祠题记。

象,是舜帝的异母兄弟。象嫉妒舜的成就,加害于舜。舜筑仓房,象让舜在上面,然后他从下面纵火,要把舜烧死,舜用两只斗笠做翼,从房顶跳下,逃脱了。舜掘井,深入井下。象便在上面填土,妄图把井埋上,害死舜,没想到,舜在井的侧面挖了一个通道,又逃了出来。象如此狠毒,舜却宽容了他。舜的宽容感化了象,象最后成为了贤弟、慈父。

苗族人民给象建祠,就是有感于他日后的表现。

王阳明感叹,天下没有不能够感化的人。只要有舜的德行,再坏的人也能被感化、教化,最终成为正常的人、做好事的人。君子还有一德,就是感化恶人、教化恶人。为象建祠,不就是这个意义吗?

王阳明提起笔,写下了《象祠记》。

峰回路转,朝廷下诏,调阳明为江西庐陵知县。

告别龙场,王阳明向江西走去,身后留下了一个思想圣地,人称"阳明洞"。

四

此时的朝廷,物是人非。刘瑾因作恶多端,图谋篡逆,最终被武宗凌迟处死。被刘瑾陷害的人,开始"平反昭雪"。

王阳明自此青云直上:升南京刑部四川清吏司主事;升文选清吏司员外郎;升考功清吏司郎中;升南京鸿胪寺卿。

自明洪武开始,佛教日盛。京师,寺庙遍地,佛气蒸腾。善男信女,跪拜佛祖,虔诚之至。这自然冷落了儒家圣人,在寺庙的香火中,圣人被"边缘化"了。王阳明忧虑,如此下去,中国岂不成了"佛国"?那还是中国吗?他决意上疏皇上,阻遏佛气,张扬儒风。

王阳明提起笔来,写下四个字:谏迎佛疏。他忽然犹豫了,韩愈的《谏迎佛骨表》浮现在了他的眼前。前车有鉴,韩愈不就是因一纸《谏迎佛骨表》险些丧命,"一封朝奏九重天,夕贬潮州路八千"吗?难道,我也要走韩愈的路吗?历史上,多少人因为上疏朝廷,忤逆了皇上,被贬谪、甚至杀头啊!算了,不写了。他放下了笔,随手拿起一本《孟子》,一翻,一行大字撞入眼帘:

富贵不能淫,贫贱不能移,威武不能屈,此之谓大丈夫。

王阳明的心中涌起一股浩然之气,写!不写岂是大丈夫之所为?

他提起笔来,一口气写了下去。

他说,佛是夷狄的圣人,而圣人才是我们的"佛"。在夷狄,可用佛去教化以去愚顽。而在中国,自当用圣人之道教化人民。陆地行走,要靠马车,海上航行,要靠舟船。在中国,用佛教教化人民,犹如在陆地行走用舟船、在海上航行用马车一样,是走不动的,甚至还有溺水之危。因此,佛教不适合中国。

他说,西天之佛,以释迦牟尼为最;中国之"佛",以尧舜为最。比较一下吧,释迦牟尼活了82岁,而舜活了110岁,尧活了120岁,论寿命,释迦牟尼远不及尧舜。释迦牟尼慈悲众生,但须苦行于雪山,奔走于道路,然后才能做到。而尧舜闲适自得、清静无为,便使天下百姓各得其所,其爱甚至及于百鸟禽兽、世间万物,"与天地合其德,与日月合其明,与四时合其序,与鬼神合其吉凶",其神化无方而妙用无体,功力、作为远大于释迦牟尼。

他说,陛下如果认为尧舜已死千年,因此才崇奉释迦牟尼,那就错了,因为释迦牟尼也早就死了。如果陛下认为夷狄可传佛教,中国人不能传圣人之道,那也错了,中国如此之大,就没有人能传尧舜之道吗?只是陛下没有寻找传道之人罢了。

他说,陛下如果能以崇佛之心去崇圣人,以求佛之心去求圣人,就不必远涉万里西天取经,只须立足中华大地,崇奉圣人,便可得其乐。这样,可以省钱、省力,何乐而不为呢?孟子曰"人皆可为尧舜",这并非妄言!

王阳明胸怀圣人,心中无佛。

写罢,王阳明长舒了一口气。

此时,朝廷再次下诏,王阳明升都察院左佥都御史,巡抚南安、赣州、汀州、漳州等处。

王阳明托人把奏折送到朝廷,便启程了。

镇压了刘瑾一伙,武宗朱厚照自认为天下太平,又恢复了往日的吃喝玩乐,不理朝政,《谏迎佛疏》就被压在了一堆奏折之中。王阳明因《谏迎佛疏》被尘封而免于"一劫"。

五

王阳明走到半路,接朝廷圣旨,要他去福建平定叛乱,他便向福建方向赶。没走多远,刚到江西吉安和南昌之间的丰城,有消息说宁王朱宸濠叛乱,势头很猛。

宁王朱宸濠,明太祖朱元璋的五世孙,早有问鼎中原、取代武宗之心。他与刘瑾一伙勾结,私养家兵,打造兵器,窝藏盗贼,储备军力。于正德十四年(1519年)在南昌发动叛乱,杀巡抚孙燧、江西按察副使许逵,大肆劫掠。霎时间,江西大地,百姓涂炭,社会动乱。

王阳明的任务是去福建平叛,江西朱宸濠叛乱与他无关,他可以"事不关己,高高挂起",继续走向福建。但是,他停住了脚步。圣人能看着百姓遭难而不管吗?

管,谈何容易!王阳明手中无兵,而朱宸濠则是拥兵十万。王阳明不慌不忙,神闲气定,发出征讨檄文,征募兵勇。师出有名,占据了道德的制高点,很快,各地响应,江西境内地方官都前来相助,征召兵勇三万余人。接下来,王阳明熟练运用兵法中的"反间计""空城计""避实就虚""无中生有""不战而屈人之兵"等诸多战法,以三万之众,用时43天,大破朱宸濠十万之兵,生擒了朱宸濠,威名大震,被军民称之为"神"。

王阳明已经平定了江西之乱,明武宗却要"御驾亲征",前来讨伐朱宸濠。明武宗的人马,所到之处,征索财物,屠戮无辜,成为又一大害。王阳明决意阻止武宗南下,迅速派人告知朱宸濠已经被俘,并押往南京。武宗为了宣示天下,平定朱宸濠是"御驾亲征"的结果,竟然要王阳明将朱宸濠释放到鄱阳湖一带,让自己带来的人马再来一次抓捕。武宗身边的奸佞之臣更是嫉妒王阳明,四处造谣,诬告王阳明与朱宸濠勾结,拥兵自重,试图谋反。王阳明平叛有功,不但得不到表彰,反而被泼了一身污水。

对此,王阳明并不在意。古往今来,小人当道,君子受诬的事比比皆是,几成常态。韩愈的《原毁》说得明白,"事修而谤兴,德高而毁来"。这是一条"定律"。作为君子,能因惧怕"谤兴"而不做事吗?能因惧怕"毁来"而失德吗?当然不能。王阳明很得意,因为平定宁王之乱,是"立功"之举。圣人三立,"立德、立功、立言",他都全了。

嘉靖七年(1529年),王阳明病重,上书朝廷,要求辞官,不等批复,便自行返乡了。

1529年1月9日8时许,王阳明在江西南安府大庚县青龙铺码头的船上,病情加重,陷入昏迷,微醒后,叫弟子们给他穿戴衣冠,正襟危坐。

弟子们跪在他的身边,问他有何遗言。

王阳明目光如炬,面色如水:"此心光明,亦复何言!"

说罢,闭上了眼睛。

千年又一圣,走了。

无古无今是此竹

乌纱掷去不为官,囊橐萧萧两袖寒。

——《予告归里,画竹别潍县绅士民》

一

郑板桥，原名郑燮，江苏兴化人，生于1693年，卒于1765年。

康熙五十二年（1713年），郑板桥20岁，考取了秀才。

郑板桥是聪慧的，很小就能吟诗作赋。

郑板桥是有抱负的，立志做"四时不谢之兰，百节长青之竹，万古不败之石，千秋不变之人"。

郑板桥考中秀才后，本应一鼓作气，再考举人。但他走上了"邪路"，迷上了写字、画画。

一晚，郑板桥正在读书，忽然听到一种声音传来，像是淅淅沥沥的雨声，又像是风吹林木的飒飒声，听着听着，这声音又像是江河的波涛声，汹涌澎湃，声势浩大。这是什么声音呢？啊，这就是秋声啊！它为何而来呢？草木无情，总有败落的时候。人是万物之灵，多少忧虑煎熬着心绪，多少烦事劳累着身体，只要有什么触碰了内心，就会伤神。更何况好多事是力所不能及的,是智慧解决不了的,只会把自己折磨得形同槁木,把黑发熬成了白发。为什么非要用必朽之身去和草木争荣呢?好好想想吧,是谁在折磨你,何必去厌恶这秋声呢!

哦,这不是欧阳修的《秋声赋》吗?

郑板桥拿起笔来,写起欧阳修的《秋声赋》。

他一边写着欧阳修的"赋",一边揣摩着欧阳修的"意",一边也就入了欧阳修的"境"。虽没有欧阳修的经历,却有了欧阳修的悲愁。青年郑板桥,跨越了"为赋新词强说愁"的阶段,很快进入到"却道天凉好个秋"的精神状态。过早的有了叹息,过早的有了"无"的感喟。在人生的旅途上,23岁正是血气方刚、昂扬奋发之时,郑板桥以小楷写了欧阳修的《秋声赋》,有些"早熟"。

《秋声赋》是欧阳修的晚年之作。宦海沉浮,官场蹭蹬,欧阳修对世事了然于胸,渐入大化之境。他把世态炎凉、人生苦短、悲愁无奈、大有为无的怅惋、顿悟,写进了《秋声赋》。这历尽沧桑的孤老之音,却被一只青春的手书写了一番。

与写字相比,郑板桥更喜欢画画。30岁时他来到扬州,开始卖画。

画,自然卖得不好,因为他没有什么名气。一天,他拿着卖不出去的画回到家里,吃完饭,倒头便睡。刚躺下,就见窗纸上有人影在晃悠。哦,可能是个小偷。郑板桥心里一笑,唉,我哪有钱啊,你真是找错地方了。他想跟小偷开个玩笑,稍一沉吟,便高声诵道:"大风起兮月正昏,有劳君子到寒门。诗书腹内藏千卷,钱串床头没半根。"小偷一听,吓了一跳,转身就跑。郑板桥又送去两句:"出户休惊黄毛犬,越墙莫碍绿花盆。"小偷慌不择路,翻墙时碰掉了几块砖头,惹得黄狗"汪汪"大叫,追上去咬住了小偷的裤腿,小偷摔倒在地上。郑板桥披着衣服赶过来,喝退了黄狗,把小偷扶起来,以诗相送:"夜深费我披衣送,收拾雄心重做人。"

卖画,卖的是画,阅的是人。卖画让他"阅人无数",从渔翁、樵夫、僧人、道士到书生、乞儿。与人论画,谈古论今,又有一番感怀:

老樵夫,自砍柴,捆青松,夹绿槐;茫茫野草秋山外。丰碑是处成荒冢,华表千寻卧碧苔,坟前石马磨刀坏。倒不如闲钱沽酒,醉醺醺山径归来。(《道情十首·其二》)

看吧,再大的功名,最终不过是一座荒坟,荒坟旁的华表也会倒在乱草之中,荒坟前的石马早就成了路人的磨刀石,被损坏得不成样子了。和王侯将相比,老樵夫倒是活得自在,钱不多,但有酒喝,醉醺醺胜过神仙。

老头陀,古庙中,自烧香,自打钟;兔葵燕麦闲斋供。山门破落无关锁,斜日苍黄有乱松,秋星闪烁颓垣缝。黑漆漆蒲团打坐,夜烧茶炉火通红。(《道情十首·其三》)

深山古刹,夕阳残照,人迹稀疏,陋屋破门。晨钟暮鼓,独自敲打,烧香敬佛,全在己心。夜沉沉,静悄悄,蒲团上打坐,面前的茶炉烧得通红。这是一个无我、无物的所在,是一个不惹尘埃的所在,没有争斗、没有烦恼、没有杂念、没有奢求,有功德无功名,一切都归于天地自然了。这活得不是很好么?

老书生,白屋中,说黄虞,道古风;许多后辈高科中。门前仆从雄如虎,陌上旌旗去似龙,一朝势落成春梦。倒不如蓬门僻巷,教几个小小蒙童。(《道情十首·其五》)

学堂里,白发老先生给孩子们上课,讲黄帝、虞舜,讲先贤古圣,还真教出了不少举人、进士。这些门生仕进后,当了县令、知府、宰相,官居七品、五品、一品,手下的仆从气势如虎,出行时车队旌旗犹如长龙,一朝失势,繁华落尽,人生如梦。与其如此,倒不如在穷乡僻壤,街头巷尾,教几个能识字的孩子,足矣!

尽风流,小乞儿,数莲花,唱竹枝;千门打鼓沿街市。桥边日出犹酣睡,山外斜阳已早归,残杯冷炙饶滋味。醉倒在回廊古庙,一凭他雨打风吹。(《道情十首·其六》)

沿街乞讨的孩子,一边指点着路边的莲花,一边唱着小曲。太阳已经升起很高了,他还靠在桥边酣睡,不等太阳落山,他早就回去了,吃着讨来的饭菜,心满意足,有滋有味。有时还喝两口小酒,醉倒在地上,任凭他雨打风吹。小乞儿自有一番快活,自有一番超脱。何等的风流,小乞儿赛过活神仙!

拨琵琶,续续弹;唤庸愚,警懦顽;四条弦上多哀怨。黄沙白草无人迹,古戍寒云乱鸟还,虞罗惯打孤飞雁。收拾起渔樵事业,任从他风雪关山。风流家世元和老,旧曲翻新调;扯碎状元袍,脱却乌纱帽,俺唱这道情儿归山去了。(《道情十首·其十》)

自古琴声多哀怨,英雄豪杰有谁怜。风流一世无人问,自投罗网孤飞雁。看透了,戴什么乌纱,考什么状元,还不如回家耕田落得悠闲。

郑板桥写《道情十首》时,心是"出世"的;在卖字画时,心是"入世"的。然而,卖字画挣的钱无法满足一日三餐,家有老小,他又不擅稼穑,怎么办?想来想去,只能走科举的路。

郑板桥带着"出世"与"入世"的矛盾心理,赴南京参加乡试,中了举人;赴北京参加会试,中了进士。康熙时中秀才,雍正时中举人,乾隆时中进士。他的科考跨越三个皇帝,长达23年。

终于等来了仕进的机会,郑板桥被任命为范县知县,时年49岁。郑板桥收拾起字画,奔赴范县。

四年后,郑板桥调任潍县知县。这一次,他骑着毛驴,一路看着字画,一路用手比划。

二

潍县无山。这让郑板桥有些失望,子曰:"智者乐水,仁者乐山。"无山,仁者何乐?诗者也乐水、乐山,无水无山岂能有诗?

失望,但不是失意。他来潍县不是来写诗的,而是来当"父母官"的。为官一任,造福一方,自己是为潍县百姓造福来了。

和在范县一样,郑板桥出行不坐轿子,不鸣锣开道,他身穿布衣,与民同道。他的衙门在田间地垄,在街头巷尾,在百姓炕头。

一天,郑板桥赶集。集市上人来人往,熙熙攘攘,他见一个老太太卖扇子,一堆扇子放在那里,竟无人理会,老太太愁眉苦脸。郑板桥过去,拿起扇子,一看,扇子是好扇子,精致素雅,可惜只是白纸一张,没有字画。郑板桥立刻从旁边的商店里借来笔砚,在扇子上挥毫泼墨,写字作画。扇子上,竹枝挺立,寒梅傲雪,幽兰吐芳。围观的人越来越多,叫好声越来越多。很快,一堆扇子就卖光了。从此,潍县有了"板桥扇"。

又一天,一伙人把一个和尚和一个尼姑扭送到县衙,告他俩私通。常人私通就已经令人不齿,更何况和尚和尼姑私通,那就是天大的丑闻了。众人义愤填膺,吵吵嚷嚷,非要县衙法办和尚和尼姑不可。郑板桥喝令他们退下,请两人诉说实情。原来,两人青梅竹马,私下定了终身。但是,女子的父母非要把她嫁给财主做妾。女子不肯,便和心上人双双出家,削发为僧。在潍县的风筝节上,两人不期而遇,"相约黄昏后"被人发现。郑板桥听罢,哈哈一笑,连说:"好事,好事!拿笔来,判!"两人一听,以为要判刑,赶快磕头:"大人饶命!"郑板桥挥笔写完,摇头晃脑地念道:"一半葫芦一半瓢,合来一处好成桃。从今入定风归寂,此后敲门月影摇。鸟性悦时空即色,莲花落处静偏娇。是谁勾却风流案?记取当堂郑板桥。"俩人听完,再次磕头:"谢过大人!谢过大人!"二人就此还俗成婚。郑板桥为潍县添一段美谈。

卖"板桥扇",判"风流案",郑板桥官声鹊起。山东巡抚包括闻声,前来探视,问起潍县治理何以如此政通人和。郑板桥拿出自己画的《风竹图》呈给包括,画上有自己的题诗:

衙斋卧听萧萧竹,疑是民间疾苦声。
些小吾曹州县吏,一枝一叶总关情。

包括读罢,连声赞叹:"好字,好字!隶、楷、行、草熔于一炉,堪称'郑体'啊!"郑板桥说:"惭愧惭愧,实不敢当。晚辈习字,自小楷始。然蝇头小楷太匀停,长恐工书损性灵,便杂糅了各家之长,让年伯见笑了。"包括凝神《风竹图》,说:"此竹清瘦峻丽,见所未见,堪称神竹!功夫不浅啊!不知画竹有何手法?"郑板桥说:"四十年来画竹枝,日间挥写夜间思。冗繁消尽留清瘦,画到生时是熟时。"包括听罢,连连点头。

竹,中空,干上有节,挺拔高大。在文人雅士的心中,竹已人化。写竹、画竹,成为雅事。苏东坡画竹颇有心得:"画竹必先得成竹于胸中,执笔熟视,乃见其所欲画者,急起从之。"

郑板桥画竹、写竹,立志"要有掀天揭地之文,震电惊雷之字,呵神骂鬼之谈,无古无今之画,固不在寻常蹊径之中也"。

怎么画竹呢?竹画,古已有之。临摹不可,师承不可,那是他人之竹,而非己竹。己竹何来? 郑板桥的目光从"实"竹转移到"虚"竹,"凡吾画竹,无所师承,多得于窗纸粉壁日光月影中耳"。窗纸粉壁日光月影之竹,是幻化之竹,艺术之竹。以此"虚竹"画竹,是技巧。而对竹品咂、咀嚼、体味、消化,才能得竹之精髓、竹之神韵,才能得画竹之道,才是画竹之本。

郑板桥画竹,是因为竹的坚韧:

咬定青山不放松,立根原在破岩中。
千磨万击还坚韧,任尔东南西北风。(《竹石》)

郑板桥画竹,是因为竹的傲气:

两枝修竹出重霄,几叶新篁倒挂梢。
本是同根复同气,有何卑下有何高!(《题画竹》)

郑板桥画竹,是因为竹的超脱:

一节复一节,千枝攒万叶。
我自不开花,免撩蜂与蝶。(《竹》)

画竹如此,画兰花也是如此:

兰草已成行,山中意味长。

坚贞还自抱,何事斗群芳。(《题画兰》)

这是兰花的孤傲。

画石也是如此：

谁与荒斋伴寂寥,一枝柱石上云霄。
挺然直是陶云亮,五斗何能折我腰。(《竹石图》)

这是石的气节。

郑板桥用竹、兰、石养心,用竹、兰、石理政。在他的治下,潍县建起了城隍庙,重修了文昌祠,并作《城隍庙碑记》《文昌祠记》,告诉人们,庙、祠是祭祀人而不是祭祀神的,伏羲神农、黄帝尧舜、禹汤文武、周公孔子,是人而不是神,后世当以人道祀之；而天地日月、风雷山川、河岳社稷、五龙八怪,是神而不是人,不当以人道祀之。"若是,则城隍庙碑记之作,非为一乡一邑言之,直可探千古之礼意矣。"尊人、敬人,而不是尊神、敬神,这才是祭祀的价值,《城隍庙碑记》是对寺庙的"正本清源"。

郑板桥治下的潍县百姓"修文洁行",无冤民弊案,无盗匪横行,祥和安宁。百姓无事,衙府自安。"民于顺处皆成子,官到闲时更读书",郑板桥落得清闲。

回想他刚到潍县时,叹潍县无山,有点落寞,而此时的潍县,文气氤氲,商贾云集,一派繁华景象,郑板桥欣慰而又得意：

三更灯火不曾收,玉脍金齑满市楼;
云外清歌花外笛,潍州原是小苏州。(《潍县竹枝词》)

潍县是郑板桥的"作品"。

乾隆十八年(1753年),潍县发生旱蝗水灾,灾情严重。郑板桥一面向朝廷如实禀报灾情,请求赈济,一面责令大户为灾民煮粥充饥,严厉打击囤积居奇,要求按市价卖粮。他带头捐出官俸,救助饥民。为了救民于水火之中,他不顾朝廷阻挠,果断打开官仓放粮。郑板桥不屑官场,乌纱轻掷:

乌纱掷去不为官,囊橐萧萧两袖寒。
写取一枝清瘦竹,秋风江上作渔竿。

(《予告归里,画竹别潍县绅士民》)

郑板桥告别潍县,乘舟回扬州,就见码头上有一艘官船,桅杆上挂着一面旗子,上书四个大字:奉旨上任。几个衙役喝令所有船只"肃静、回避"。一打听,此人名叫姚有财,胸无点墨,靠其父的势力戴上了乌纱帽。郑板桥一笑,道:"你奉旨,我也奉旨。"拿出一块丝绢,在上面写了"奉旨革职"四个大字,也挂在桅杆上,毫不回避,直驶而行。姚有财本要发作,一听是郑板桥,便满脸堆笑,前来索字。郑板桥长袖一抖,挥笔写道:"有钱难买竹一根,财多不得绿花盆,缺枝少叶没多笋,德少休要充斯文。"四句首字相连,便是:有财缺德。姚有财自讨没趣,一脸土灰。

郑板桥哈哈一笑,扬帆而去。

三

重回扬州,恍如一梦。乌纱来得快,去得也快,轻飘飘的,没有分量。

重操旧业,字画谋生。遥想扬州十年,字不成,画无名,落寞街头,怎一个愁字了得!还记得当年写过一首诗,自我慰藉:

十载扬州作画师,长将赭墨代胭脂。
写来竹柏无颜色,卖与东风不合时。

是啊,自己的字画无所师承,生疏怪癖,当然是"不合时宜"了。

但是,20年过去,此字非彼字,此画非彼画,板桥身与名俱在,卷土重来。郑板桥已经不是当年的那个郑板桥了!

郑板桥挥笔画出重回扬州的第一幅竹画,信笔题诗:

二十年前载酒瓶,春风倚醉竹西亭。
而今再种扬州竹,依旧淮南一片青。

他在诗后又盖了一方印:二十年前旧板桥。没有"无颜见江东父老"的羞愧,没有"一江春水付东流"的愁绪,他自信满满地向世人宣告:20年前的旧板桥回来了!

文人不言利，羞于谈钱，这是千年遗风、世代传统。郑板桥不然，他不怕字画惹铜臭，高声叫卖满街走。他的字画明码标价："大幅六两，中幅四两，小幅二两，条幅对联一两，扇子斗方五钱。凡送礼物食物，总不如白银为妙；公之所送，未必弟之所好也。送现银则心中喜乐，书画皆佳。礼物既属纠缠，赊欠尤为赖账。年老体倦，亦不能陪诸君作无益语言也。"实为中国字画"市场化"第一人。

郑板桥的字，东倒西歪，犹如"乱石铺街"；郑板桥的画，秀叶疏花，傲骨嶙峋。因郑板桥的字画，洛阳纸贵，已然是扬州的文化骄傲。扬州不以瘦西湖名，而以板桥名。

以文会友，看字画，识其人。在扬州人的眼里，郑板桥是"怪人"，怪得神奇、怪得智慧。心圣为怪，怪为心圣。郑板桥就是圣人。人有烦忧，便求板桥浇心中块垒。

某官，仕途蹭蹬，甚不得意，特来拜访板桥。他诉说着无数委屈、忧郁、牢骚、不满、愤懑。郑板桥并不答话，只是埋头作画。待他话之将尽，郑板桥的画也画完了。那人一看，是一幅菊花图，刚要接过，郑板桥说："且慢。"说罢，提起笔在画上手书一首：

进又无能追又难，宦途蹭蹬不堪看。
吾家颇有东篱菊，归去秋风耐岁寒。

郑板桥递给那人："拿去吧。"
那人接过，满眼放光："有此诗画，吾无愁矣！"

一日,几个好友凑到一起,历数世间小人,叹世上若无小人,朗朗乾坤、清明世界,该有多好。郑板桥说:"此言差矣。世上本就是鱼龙混杂的,没有污浊,何来清香?没有恶臭,何来芬芳?有小人,才有君子;有奸佞,才有贤良。兰花好在哪里?没有乱草荆棘能显出兰花之美吗?若无乱草荆棘,我就画不出兰花了。"众人点头称是,要板桥再画一幅兰花图。板桥欣然命笔,须臾,画成,又题诗一首:

满幅皆君子,其后以荆棘终之何也?盖君子能容纳小人,无小人亦不能成君子,故棘中之兰,其花更硕茂矣。(《荆棘丛兰石图》)

众人读之再三,连声叫好。

有人问处世之道,板桥答:"难得糊涂。"人不解,问:"何出此言?"板桥再答:"聪明难,糊涂尤难,由聪明而转入糊涂更难。放一著,退一步,当下安心,非图后来福报也。"

郑板桥以"糊涂"处世,心已近佛。

世人叹曰:做"四时不谢之兰,百节长青之竹,万古不败之石,千秋不变之人",难矣哉,难矣哉!

何难之有?郑板桥哈哈一笑,捋捋胡须,笔下又是一竹。

冷眼功名笑儒生

功名富贵无凭据,费尽心情,总把流光误。

——《儒林外史》

一

吴敬梓,字敏轩、文木,全椒人,生于1701年,卒于1754年。

"家声科第从来美",吴敬梓的家族堪称书香门第。高祖吴沛学富五车,清廷一品宰相陈廷敬在其墓碑上题字:道德文章为东南学者宗师。吴沛的五个儿子,其中三个进士、一个探花,人称吴家是"一门两鼎甲,三代六进士"。

有这样的家族基因,吴敬梓也是人中翘楚,"读书才过目,辄能背诵"。在一次县里的名士聚会中,吴敬梓即兴吟诵一首《观海》:"浩荡天无极,潮声动起来,鹏溟流陇域,蜃市作楼台。齐鲁金泥没,乾坤玉阙开。少年多意气,高阁坐衔杯。"举座皆惊,一个孩子竟有如此才气,怎不叫人赞叹!

有此优异的禀赋,如果走科举取士之路,当是青云直上。但是,吴敬梓在科举的门槛前停下了脚步。为什么呢?因为八股。

八股是明清时代科举考试的"必答卷",题目一律出自四书五经,文体有固定格式,由破题、承题、起讲、入题、起股、中股、后股、束股八部分组成。揭示题旨叫破题;承上文而加以阐发,叫承题;开始议论叫起讲;起讲后引入正文,叫入题;再接下来,进入后四个部分,每部分要有两股排比对偶的文字,合起来就是八股,这就叫"八股文"。论述的语气必须是古人的语气,论述的内容必须以朱熹的《四书集注》为准,绝不能越雷池半步。

再看科举。自隋朝开始,到明清两代,科举成为士子晋升的唯一通道。从明朝起,科举正式分为乡试、会试、殿试三级。

乡试又叫乡闱,是地方性考试,每三年一次,考试的场所叫贡院。乡试考试的时间在秋季,因此也叫秋闱。考试分三场,考中的称举人,第一名称解元。

会试是由礼部主持的全国性考试,又称礼闱。全国举人在京师参加考试,考试的时间为春季二月,所以也叫春闱。考试也分三场,考中的称为贡士,俗称出贡,第一名称会元。

殿试在会试后的当年举行,时间是三月份,由皇帝亲自主持。录取分为三甲,一甲三名,赐进士及第,第一名称为状元,第二名称为榜眼,第三名称为探花。二甲赐进士出身,三甲赐同进士出身。一二三甲通称进士。进士榜用黄纸书写,叫"金榜",中进士,叫"金榜题名"。

乡试、会试、殿试,这是从布衣走向仕途的台阶,是求取功名的金字塔。中国的读书人在这个台阶上走了一千多年,金字塔上刻满了读书人的名字。踏上这个台阶,你就会脱下布衣,换上官服,享尽荣华富贵。

战国时的苏秦,十次上书秦惠王,献连横之策,没有被秦惠王采纳,做不成官,空手而归。回到家里,妻子不下织机,嫂子不给做饭,父母不跟他说话。苏秦惭愧至极,叹道:"妻子不认我做丈夫,嫂子不认我做小叔子,父母不认我做儿子,这都是因为我不争气,做不了官啊!"于是,他奋发读书,通宵达旦,怕晚上读书睡着了,就用锥子刺自己的大腿。他鼓励自己:"只要努力,就会当上卿相!"功夫不负有心人,苏秦终于得意了,他得到了赵王的赏识,被封为武安君。赵王派他去六国合纵,让他带兵车百辆,锦绣千捆,白璧百双,黄金 20 万两。当他的车队路过洛阳时,他的父母把房屋打扫得干干净净,把村口的路也打扫得干干净净,敲锣打鼓,备办酒席,跑到 30 里地以外去迎接他。当他的车队到达后,他的妻子不敢正视,只是侧着脸看他,他的嫂子像蛇一样伏在地上爬行,连连向苏秦跪拜请罪。苏秦问:"嫂子,你为什么先前对我傲慢,而现在又如此卑下呢?"嫂子说:"因为你先前没当官、没钱。现在你当官了,有钱了。"苏秦叹道:"看来,人生在世,不当官、没钱,不行啊!"

就为了这荣华富贵,广东老举人黄章考了 60 年,99 岁时,让曾孙子提着灯笼开路,灯笼上写着"百岁观场",走进考场,仍然未中,打算 102 岁再来。

吴敬梓望着这座金字塔,望着眼前的台阶。登不登上这个台阶呢?不错,只要登上这个台阶,只要沿着这个台阶往上走,走得越远、登得越高,官就越大、钱就越多,最高至宰相,就可一人之下万人之上了。凭自己的本事,登上这个台阶不是难事,甚至可以说是唾手可得。但是,登上去又如何呢?不也是跪倒在皇帝脚下吗？再大的官，不也是个奴才吗？吴敬梓想到了"伏"字。伏，不就是跪下、趴下的动作吗？人字旁为何非要放个犬字呢？放个老虎的虎字，或者放个狮子的狮字不行吗？犬，犬的习性是听命于主人、服从于主人、效忠于主人。犬的习惯是跟在主人身后摇头摆尾、亦步亦趋，习惯在主人的脚下撒娇耍赖、百般诏媚，习惯在主人的指挥下汪汪大叫、奋勇向前，习惯在主人的斥责中默不作声、抱头鼠窜。因此，伏字，当然是在人的旁边放个犬了。当官，就要伏，就要像犬一样地伏在别人的脚下。

不，我不能伏在别人的脚下。与其伏在别人的脚下，何不自己站着呢？当年唐太宗李世民看着鱼贯而入的考生走进考场，暗自得意地说："天下英雄，尽入吾彀中矣！"彀，是捕捉麻雀的圈套。科举的金字塔不就是"彀"吗？我岂能入"彀"！

站在这台阶前，望着这座金字塔，吴敬梓一阵大笑，转身而去。

二

吴敬梓不写八股文，写起了小说。这小说不难写，因为小说中的人物就在身边，到处都是，信手拈来——

周进，虽腹有诗书，然而屡试不第，年过六旬，还是个童生。没办法，他只好在顾老爷家中当先生。三年后，顾老爷的公子竟然成了秀才，60岁的周进竟然和这小孩成为"同科"，周进自觉脸上无光，便离开了，另开馆教几个孩子。只教了一年，人家就嫌周进呆头呆脑，把他辞掉了。他姐夫金有余对他说："你这读书求功名的事，恐怕是不行了。除了读书、教书，你啥也不会。人生世上，难得的是这碗现成饭。我和几个人到省城买货，差个记账的。你就跟我们走，帮我们记账吧，少不了你吃的、穿的。"周进是儒士，口不离之乎者也，满脑子圣贤，对账房之事本是不屑的。但此时，为了生计，别无他法，只好屈就，自我安慰道："'瘫子掉在井里，捞起也是坐。'有甚亏负我？"

跟着金有余一伙人来到省城，周进在街上闲逛，来到一所贡院门口，便要进去看看，没想到被看门的呵斥道："也不看看这是什么地方，是你进的？滚！"一顿鞭子，把周进打了出来。回到旅店，周进照了镜子：头戴一顶破毡帽，身穿一身黑色的旧直裰，右边的袖子破了，脚上是一双大红绸面旧鞋，花白胡须，面色黑瘦。周进不禁叹口气，他心有不甘，对金有余说，自己还想去看看贡院。金有余只好和他前去，一伙人也随着前往。到了贡院门口，金有余给了把门的几个小钱，把门的便领着他们进去了。到了龙门，把门的说："周客人，这就是相公们进的门了。"周进一眼看见考场的门牌号，长叹一声，一头撞在号板上，昏死了过去。众人慌了，赶快扶着他，往他嘴里灌开水。周进喉咙里咯咯地响了几声，吐出一口黏痰，醒了过来。众人舒了口气，扶他站起身来。没想到，周进刚站起身来，眼睛直勾勾地看着号牌，又一头撞上去，放声大哭起来，从一号哭到二号，再哭到三号，满地打滚，哭个不停。金有余皱着眉："这不是疯了吗？"众人扶起周进，架着他来到贡院前的一个茶棚坐下。周进并不说话，只顾鼻涕眼泪地哭。

金有余说:"舍弟是读书人,才学很好,只是运气差,中不上。今天看着这贡院,伤心了。"便有人说:"不如我们给他点银子,捐个监生,让他进这贡院考一下,也算成人之美。若是考中了,谁还在乎这几两银子?"周进一听,立刻不哭了,两眼放光。众人仗义,说:"君子成人之美,就这么做了!"周进趴在地上,给众人叩头:"若得如此,你们就是我的重生父母,我周进变驴变马,也要报效!"

第二天,周进拿了众人捐的200两银子,讨得了一个监生名分,走进了贡院。就在大哭的那个号房里,周进意气风发,连作7篇锦绣文章,一举中了。衣锦还乡,远亲近邻、七姑八舅、各方绅士全来恭贺,杀鸡的、送米的、宴请的,不是亲戚也来认亲。周进还是周进,只是周围的人都不是原来的人了。

周进一鼓作气,赴京参加会试,中了贡士;再参加殿试,授了部属。

官运亨通,周进很快就升了御史,又被钦点任广东学道,从被考到主持科考,从人下人变成了人上人。

周进登着科举的台阶,走进了那座金字塔,再也不哭了。

这个台阶,让他有了重生父母,让他有了新的生命。若没有这个台阶,他的生命与驴马无二。

想来,这科举真是个好东西,它可以化腐朽为神奇,可以让人重生。

周进来到广东,坐在了主考官的椅子上。就见那些童生纷纷进来:有老的,有小的,有仪表端正的,有獐头鼠目的,有衣冠齐整的,有破衣烂衫的。想着自己从前的样子,周进暗自告诫自己:"我也是从这些人里走出来的,可要把卷子仔细看了,不能让真才受了委屈。"

正想着,就见进来一个考生,花白胡须,戴一顶破毡帽,天气这么冷,还穿着藏布直裰,冻得哆哆嗦嗦。他接了卷子,下去归号。周进看着他,仿佛看见了自己当年的样子。再看现在的自己,绯袍金带,一身华贵。周进不禁轻叹一声,对这个考生稍加留意。

不大一会儿,那考生出来交卷。

周进问:"你叫什么名字?"

考生答:"范进。"

周进问:"你多大年纪了?"

范进答:"54了。"

周进问:"怎么现在还是个童生?考了多少回了?"

范进答:"童生从20岁就考,考了许多次。"

周进问:"为什么总不进学?"

范进答:"总因童生文字荒谬,各位大老爷看不上。"

周进不由想起自己的遭遇,当年不也是被那几个大老爷耽误了?于是,决定仔细看看范进的卷子,对范进说:"你下去吧,待我看过再说。"范进叩谢走了。周进看着范进的背影,只见就这么一会儿,破烂的衣服已经又磨破了几处。

看第一遍,没看出什么来,周进就把卷子丢到一边,心想,这样的文字也真是不行,难怪不进学。见还没有考生交卷,周进又拿起范进的卷子,这一看,忽然觉得有些意思。不由得又从头到尾细看一遍,周进不禁赞叹道:"这样文字,真是天地间之至文!真乃一字一珠!若不是连看三遍,又要屈枉了一个人才。可见世上糊涂官,不知屈煞了多少英才!"拿起笔来,在卷子上画了三个圈,填为第一名。

第二天,范进送了周进30里地。临别,周进对他说:"你准备赴京赶考吧,我在京师等你。"

范进的岳父姓胡,是个屠户,人称胡屠户。胡屠户因范进屡考屡败,便瞧他不起,骂范进是"现世宝",悔不该把女儿嫁给他。听范进说,要去乡试,想跟岳父借点钱做盘缠,胡屠户往范进脸上啐了一口,骂道:"你这是癞蛤蟆想吃天鹅肉,我听人说,你上次中了相公,是人家老爷看你老,不忍心,才给你的名分。你如今就想中老爷,这老爷是你中的?老爷都是文曲星下凡,一个个方头大耳,家产万贯,你这尖脸猴腮的,也不撒泡尿照照!哼,还想考举人,趁早收了这心!"在胡屠户的眼里,范进早就不是什么读书人了,斯文扫地。他骂起范进来,就像骂一条狗一样。

范进不甘心,瞒着胡屠户跟人借了点钱,去省里参加了乡试。回到家里,母亲已经饿了两三天,饿得眼睛都看不见了。锅里没米,母亲盼咐范进:"还有一只下蛋的鸡,你赶快拿到集上去卖,买点米来,煮点稀粥,我喝。"

范进抱着鸡刚走到集上,就听见一片锣声,快马奔来,告诉他"中了!"范进不信,还往前走。那人劈手从他手里把鸡抢下,扔到地上,拉着他就往回走:"你都中举了,还要这鸡作甚!"

回到家,家里已经挤满了人,全是报喜。屋子中间挂着报帖,上书:捷报贵府老爷范讳高中广东乡试第七名亚元。京报连登黄甲。

范进连看几遍,又连念几遍,拍着手,笑了一声:"好了,我中了!"说完,身子往后一倒,牙关紧咬,不省人事了。众人慌了,赶忙给他往嘴里灌水,他眼一睁,爬起来就往外跑,喊着:"中了,我中了!"刚跑出门,一脚跌进水塘里,从水塘里爬出来,两手黄泥,披头散发,跟个落汤鸡一般,他把众人推到一边,拍着手,笑叫着,往集上跑了。众人惊恐了:"呀,这新贵人疯了!"忙乱中,人们想起胡屠户,赶快把他叫来。

胡屠户赶到集上,就见范进正站在一个庙门口,满脸污泥,鞋也跑丢了一只,兀自拍着掌,叫着"中了,中了!"胡屠户上前一把抓住范进:"该死的畜生!你中了什么!"一巴掌打在范进脸上。范进被打晕倒地。众人上前给他捶背、抹胸,好一番折腾之后,范进睁开眼,眼睛明亮,炯炯有神,好了,不疯了。

范进再回到家中,张乡绅来贺喜了,给了 50 两银子的贺礼不算,还送给他三进三间的院落一座。接下来,有送田产的,有送店房的,有两口子来投身为仆的。转眼间,范进便房子、田产、仆人、丫鬟,全有了。胡屠户嘱咐范进:"家门口这些种地的、扒粪的,不过是平头百姓,你若是同他拱手作揖,平起平坐,便是坏了规矩,让我脸上无光。"又对众人说:"我早就知道我女儿是有福气之人,是要嫁个老爷的,果真不错!哈哈!"说罢横披了衣服,腆着肚子走了。

写到这里,吴敬梓一阵大笑。

妻子看着他写的文字,皱起眉头:"你要是范进就好了,咱家也就不愁吃住了。"

吴敬梓说:"我要是学了范进,或许就疯得治不过来了,看你咋办?"说完又是一阵大笑。

妻子叹口气,也是一笑。

吴敬梓喝了口清茶,接着写——

严监生的妻子王氏病重。严监生想在妻子断气前把一个小妾扶正,但又怕两个身为秀才的妻弟不同意。怎么办?严监生就把两个妻弟叫来,给了他俩200两银子。这兄弟二人立刻就没话说了。反客为主,两兄弟说为了让自己的外甥过得好,不受屈,让伯父伯母的在天之灵有所安,严监生必须把妾扶正。严监生假装不忍,两兄弟拍着桌子:"我们念书的人,全在纲常上做功夫,就是做文章,代孔子说话,也不过是这个理;你若不依,我们就不上门了!"严监生说,怕别人多话。两兄弟说:"这事由我俩做主,你再出几两银子,明日只做我俩出的,办上十几席,趁舍妹眼见,你两口同拜天地祖宗,立为正室,谁人敢放屁!"严监生又拿出五十两银子,给了他俩。二人欢天喜地地走了。

妻子看完这一节,说:"这两个秀才也太没人性了。"

吴敬梓说:"还有更没人性的呢,你看。"又给妻子看了一节。

这一节说,徽州府穷秀才王玉辉,年过六旬,虽屡考不中,却守纲常。他的女婿死了,女儿要以死殉夫。公婆不同意,劝她好好活下去。这王玉辉却鼓励女儿殉夫,说:"这是青史留名的事,我怎能阻拦你？你就这样做吧。"女儿穿着白色孝服,绝食八天而死。王玉辉大笑:"死得好,死得好!"

妻子看完,说:"这秀才爹真该杀!"

吴敬梓说:"这秀才爹没了女儿,倒也可怜。"

妻子说:"你把秀才写成这个样子,就不怕秀才们骂你?"

吴敬梓叹口气:"不是我要这么写,是真有这样的秀才啊!"

妻子说:"我真想不明白,这读书人读了那许多书,怎么反倒是没有廉耻了。"

吴敬梓说:"读书都为稻粱谋,以至于此。"

妻子说:"可不为稻粱谋,读书又有何用呢?"

吴敬梓说:"是啊,不为稻粱谋,就得受穷。你不就是跟我一起受穷吗?"说完,一阵大笑。

妻子说:"把你读的书再拿两本来,卖去,家里又没米了。"

吴敬梓心里一怔,为买米,已经卖了不少书了。唉,卖吧,总得吃饭啊。他在书柜里翻了一会儿,拿出一本《论语》,一本《左传》,递给妻子。

妻子说:"我知道你心疼书,又离不开书,都卖光了,看你怎生是好。"

吴敬梓笑道:"我胸中自有笔墨,何须书在柜中。"

妻子叹口气,走了。

周进、范进、严监生、王玉辉,这都不是读书人该有的样子。读书人该是什么样子呢?

吴敬梓心中的读书人是"奇人"——

就在"南京的名士都已渐渐销磨尽了"的时候,一个"奇人"出现了。此人姓季,名遐年,虽无家无业,却写得一手好字。但凡有人请他写字的时候,他都要斋戒一日,第二天自己磨一天的墨,不许别人替他磨,就是写个十四字的对联,也要用半碗墨。他用的笔都是别人不用的坏笔,写字的时候,要三四个人给他拂纸,拂不好了,他就骂。高兴了,他分文不要;不高兴了,任你王侯将相,大把银子送他,他都不拿正眼去看。他写字得来的钱,只要够吃碗饭,剩下的钱他就不要了。遇到不相识的穷人,写了,钱也不要了,白送。

一天,一个姓施的御史派小厮来,问:"这里可有个姓季的?"季遐年说:"什么事?"小厮说:"我家老爷请他去家里写字。"季遐年说:"他今天不在家,明天去你家写字。"第二天,季遐年到了施御史家里,那小厮一见:"你就是?你也会写字?"赶快带他去见老爷。一见面,季遐年就大骂:"你是何等人,敢来叫我写字!我又不贪你的钱,又不慕你的势,又不借你的光,你敢叫我写起字来!"骂完,一甩袖子,走了。

还有更奇的奇人。

这人叫王冕,一个"嶔崎磊落的人"。王冕是个放牛娃,天生聪颖,放牛时,看见湖里的荷花,心想我何不画画这荷花,便拿树枝在地上划拉。时间不长,竟把荷花画得像长在纸上一样,名声远播,四邻八乡的人都来找他画画。从此,他便不再放牛,只是作画,用卖画的钱买书,很快就把天文、地理、经史上的大学问融会贯通了。他的性情有点怪,既不求官,也不交友,终日只是闭门读书。他在《楚辞图》看到屈原画像，便自己制作了一顶极高的帽子，一件宽阔的衣服，赶着牛车，带着母亲，执着鞭子，唱着小调，四处玩耍，快活得神仙一般。

知县大人慕其大名，派人来请，想见王冕一面。王冕拒绝，别人劝他："没听说过'灭门的知县'吗？你不要拗着。"王冕就是不去，说："不见那段干木、泄柳的事吗？我是不会去的。"战国时的段干木，学出孔门，才高八斗，魏国国君魏文侯几次三番地请他出来做官，他却越墙而跑，避而不见，拒绝为官。段干木不入魏文侯所设之"彀"，赢得了魏文侯的崇敬："他有德，我有势；他有义，我有财。势不如德贵，财不如义高。佩服！"泄柳是春秋时人，有学问，有才能，就是不愿与官为伍。鲁缪公请他做官，他闭门不见，贫困一生，清高一世。

知县想，他必是要我亲自去请，因此知县带着随从，来找王冕。王冕知道后，从后门溜走了。

知县走后，王冕对母亲说："这知县为非作歹，酷虐百姓，必会找我的麻烦。我不如远走几日，躲避一下。"趁夜跑了。

半年后，听说知县高升走了，王冕又回到乡里。

此时天下大乱，群雄争霸。明太祖平定天下，特来拜访王冕，求治国之道。王冕说："以仁义服人，何人不服？若以兵力服人，何人能服？"明太祖深以为然，与王冕彻夜长谈。

明太祖回金陵后，颁布取士之法：三年一科，用《五经》《四书》、八股文。王冕对人说："这个法却定得不好！将来读书人既有此一条荣身之路，把那文行出处都看得轻了。"

乡里不断传说，朝廷要王冕去做官了，有人提前道喜。王冕不作声，趁夜悄悄地跑到会稽山，隐居去了。

不多久，朝廷派遣一个官员，捧着诏书，任命王冕为咨议参军。村里人说，王冕早就走了，不知去向。官员不信，走进王冕家，只见蜘蛛网满屋，蓬蒿满径，人去屋空，真的是去地很久很久了。

吴敬梓问道："人生富贵功名，是身外之物。但世人一见了功名，便舍着性命去求它，及至到手之后，味同嚼蜡。自古至今，哪一个人是看得破的！"

王冕看破了。

吴敬梓说，王冕是个"有意思"的人。

三

写着书，便写进了冬天。天寒地冻，家中无柴。吴敬梓和一帮穷文友，走出城门，绕着城池，边说边笑，歌吟啸呼，一人呼喊，众人应声，不觉间，走了几十里，直到天明，众人大笑散去。夜夜如此，身上热了，脚也暖了，吴敬梓戏称为"暖足"。

足是暖了，肚子又咕咕叫了。"囊无一钱守，腹作千雷鸣"，吴敬梓只好典当所有，"可怜犹剩典衣钱"。

乾隆登基，要开博学宏词科考。

以吴敬梓的才学，只要赴考，必会金榜题名。

由贫穷到富贵，只有一步之遥。

吴敬梓终日生活在贫穷之中，尝尽了贫穷的滋味，他懂得什么是贫穷。

但是,他宁愿活在这种贫穷之中,而不愿享受那种富贵。

他拒绝赴考。

江宁训导唐时琳前来,劝吴敬梓赴考,吴敬梓拒绝。

上江督学郑筠谷前来,劝吴敬梓赴考,吴敬梓拒绝。

安徽巡抚赵国麟前来,劝吴敬梓赴考,吴敬梓拒绝。

吴敬梓埋头写作。

吴敬梓用20多年的时间,把小说写完了,即《儒林外史》。

书的最后一页写道:

看官!难道自今以后,就没有一个贤人君子可以入得《儒林外史》的么?

吴敬梓大笑着死去。

休管他自今以后如何,吴敬梓已经入得《儒林外史》,足可聊以自慰。

吴敬梓也是一个"有意思"的人。

投湖一死不忍辱

有境界则自成高格,自有名句。

——《人间词话》

一

1877年12月3日，浙江海宁王氏家族，一个婴儿诞生了。

他一睁眼，看见的便是满屋的书籍。《诗经》《老子》《论语》《孟子》《荀子》《庄子》《春秋》《史记》《资治通鉴》《文选》《西厢记》《梦溪笔谈》《天工开物》……满屋的书香扑鼻而来。

父亲王乃誉为孩子起名王国维，字静安。

在氤氲的文气中，王国维满脑子"子曰""诗曰"，很快便能诗善文了。1892年7月，王国维参加海宁岁试，考中秀才。15岁即中秀才，名声大噪，被誉为海宁"四才子"之一。

王国维自信满满，同年再赴科试，竟不中，心理小受打击。但是，他觉得这不过是偶然失手，不妨卷土重来。16岁，再赴科试，竟仍不中，大受打击。作为誉满海宁的才子，竟在科场上名落孙山，他感到耻辱，自尊心受到重挫。

他对自己产生了怀疑。他不知道是自己的能力不行，还是科试本身就有问题。虽然，他年纪还小，只有16岁，还有许多机会,但是,这么考下去,就一定能考中吗?他觉得自己答题答得很好、很完美,他不知道为什么就考不中。他无法确定自己是否应该继续走这条路。冥冥中,他感到有什么东西在拒绝着他、阻挡着他,不让他走这条路。他的心中燃起一股傲气:难道我非要走这条路吗?就没有更好的路可走吗?

看围猎场上,风吹草低,浓云重叠,猎物被合围了。只见弓箭嗖嗖,快马急飞。不一会儿,猎手们便高兴地呼叫着,载着猎物归来了。唉,人最难得的是有一身好本领,必须珍惜少年时光,学点真本领,而不要在书斋里皓首穷经,虚度年华。

自古以来,在科考路上皓首穷经、蹭蹬一生的人还少吗?虚掷了大好年华,枉费了平生心思,值吗?再想想看,几千年来,读书人里出了几个人物?不就是那几个"子"吗?若整日埋首经书黄卷,必被其埋没。何不走一条自己的路呢?走他人的路是老路,只有走自己的路,才是新路。

已是秋高气爽的时节,楼外还悬挂着秋千的绳索。月到中天,兀自独酌,酒虽干,人难醉,夜无眠。寂寞中,孤坐北窗边,一怀愁绪似参禅。若不是梦里入闱中,怎信自己曾少年。

老子有《道德经》,孔子有《论语》,司马迁有《史记》,李白有诗,苏轼有词,关汉卿有曲……这些人好似星宿下凡,每个人都带着使命而来,每个人都干了一件大事。干了这件大事,他们就长生不老了,就永远挂在人们的嘴上了,就不朽了。李白说得好:"天生我材必有用。"人生为一大事而来。

四时可爱唯春日,一事能狂便少年。(《晓步》)

王国维背起行囊,找属于他的那"一事"去了。

二

上海洋风习习。到处是蓝眼睛、黄头发、大鼻子、西装革履的洋人,到处是洋文、洋音。

书店里,王国维穿着长袍马褂站在洋书前,犹如看到来自天国的神谕。荷马、苏格拉底、亚里士多德、康德、叔本华、尼采、莎士比亚、歌德、巴尔扎克、雨果、托尔斯泰、伏尔泰、孟德斯鸠、卢梭、牛顿、达尔文……这些"子",新鲜而又深刻。他们走进了王国维的大脑,让王国维的思想穿上了"洋装"。

天才不受意志的支配,只面向美的欣赏,一切美所给予的欢悦,艺术所提供的安慰,使他完全忘却生活的烦恼。天才乐于孤独寂寞,一个人热衷于社交的程度恰正相当于他在理智上贫乏和庸俗的程度。(叔本华《关于独处》)

中国讲圣贤,西方讲天才。天才是什么?天才就是不受意志的支配,只沉浸于美的欣赏的人。意志是什么?意志就是外来的、人工塑造的价值系统。天才是不受这种价值系统约束的,天才有自己的行为方式。如果受意志的支配,有着和大多数人一样的行为方式,那就不是天才了。中国讲慎独,西方讲孤独。

什么是慎独？慎独是自律，是道德，是谨言慎行，是"此处无佛，心中有佛"。什么是孤独？孤独就是对喧嚣的排斥，是对世俗的拒绝。孤独与寂寞是天才的存在方式，只有天才才能孤独地存在。觥筹交错中，是不会有天才的身影的；熙熙攘攘中，是不会有天才的身影的。孤独的人是最有力量的人，老虎是独行的，只有羊才会结群。

天才是思想的孤独。庸人的思想源于他人，天才的思想源于自己。天才的思想是与众不同的。发现真理的人，是孤独的；拥有思想的人，是孤独的。天才不走别人走过的路，而只走自己的路。天才的路在人迹罕至的荒山野岭。

上帝死了！上帝真的死了！是我们杀害了他。（尼采《快乐的知识》）

中国讲菩萨，西方讲上帝。菩萨有像，上帝无像。菩萨是救命的，上帝是赎罪的。圣贤说："人之初，性本善。性相近，习相远。"上帝对人说："你生而有罪。你活着，就要赎罪。"哦，人生出来就有罪，是带着罪来到世上的，都是罪人。活着，就是来赎罪的。如果活着不赎罪，死后就要下地狱，在地狱遭受惩罚。怎么才能赎罪呢？要爱，不仅要爱自己的亲人，而且要爱一切人，包括你的敌人，这叫博爱；不要把自己凌驾于他人之上，看他人就和看自己一样，这叫平等。上帝是无所不能的，上帝创造了万物。可是上帝创造的世界，却充满了贪婪、阴谋、暴力、丑陋、罪恶。人的罪恶是赎不了的。上帝真的是死了,上帝无罪,是人杀了他。

上帝死了,谁来管人?我们又该怎么办呢?

上帝已死,现在我们热望着超人的诞生。

现在,我教你们什么是超人!

超人是大地之意义,让你们的意志说,超人必是大地之意义吧!(尼采《查拉图斯特拉如是说》)

哦,上帝没有了,超人来了。超人不是上帝,也不是上帝的化身,而是我们自己。没有狂风暴雨的帮助,就成不了参天大树。同样,没有恶劣的社会环境,就不会有超人。凡不能毁灭我的,必使我强大。超人就是在恶劣的社会环境中出现的。超人以冒险为乐,超人选择最强大的敌人进行斗争,超人能够忍受最大的痛苦,超人独往独来,没有朋友,没有知己。超人总是把思想的触角伸向社会最黑暗的地方,如同大树,越是向往阳光,越是把根扎在黑暗的地底。超人是对人类的超越,也就是对现有人类的否定。这种否定是全方位的,不仅包括生理上的进化,而且包括思想、政治、文化、艺术的质变。不是所有的人都能成为超人,超人是优胜劣汰的结果,只有那些冲过激流险滩、跨越险峰绝壁的人,才能成为超人。

真正伟大的思想者,就像雄鹰一样,把自己的巢穴建筑在孤独的高处。

要么庸俗,要么孤独。(叔本华《人生的智慧》)

孤独者是不与人为伍的。

王国维懂得了孤独的力量。他独自前行,研究美学、逻辑学、心理学、甲骨文、古史,熔中西于一炉,把自己的学问炼为"独学"。

三

王国维学贯中西,横跨中西两界,脚踏两片文化大地,对生命的本质进行思考。

人生来就是受苦受罪的。

人之所以受苦受罪,就在于有此肉身。肉身是痛苦的根源。人的忧患、劳苦,是与肉身相对应、相连接、相伴随、相始终的。肉身承载着所有的重负。肉身要经受风吹雨打、烈日炙烤,要忍受饥寒交迫、四季辛劳。生计刁难着肉身,病痛折磨着肉身,死亡威胁着肉身。

人之所以受苦受罪,是因为有"欲"。

人为"欲"而活,希图满足这个"欲",而这个"欲"又是永远也无法满足的,因此,就会导致焦虑、忧郁、痛苦。这就注定了生命是一场悲剧。对一般人而言,这种生命的痛苦在肉体,是为谋生计而痛苦,是"形而下"的。而对于文化人来说,"我思故我在",其生命的痛苦在精神,是为思想、真理、正义、社会而痛苦,是"形而上"的。一般人的痛苦是指向地的,文化人的痛苦是指向天的。文化人的痛苦是有崇高、神圣的意味的。

文化人也是人,不是神,也有"饮食男女"之欲。当然,这种"饮食男女"是"高档次"的,也是"形而上"的。例如《牡丹亭》中的杜丽娘与柳梦梅,《长生殿》中的唐明皇与杨贵妃,《桃花扇》中的李香君与侯方域,《西厢记》中的张生与崔莺莺,《红楼梦》中的贾宝玉与林黛玉,都是"形而上"的"饮食男女",也只有他们,才能让爱情呈现出凄美、动人的样态。

审视中国的戏剧,王国维感到有些遗憾,中国怎么就没有能与莎士比亚比肩的戏剧家呢?还是来比较一下吧。

《牡丹亭》中杜丽娘美丽大方,梦遇书生柳梦梅,一见倾心。醒来,知道这只是南柯一梦,心中忧闷,思恋成疾,竟至死去,其父将其安葬在梅花庵。杜丽娘死后,游魂飘荡。书生柳梦梅赴京赶考,途中感了风寒,住进了梅花庵,与杜丽娘的游魂相遇,二人如胶似漆,成了夫妻。此事被道姑发现,柳梦梅便把实情与之相告,请人掘开坟墓,让杜丽娘重返人间。柳梦梅京城应考结束,来到杜府找杜丽娘,自称是杜家女婿。杜丽娘的父亲大怒,认为柳梦梅是在说梦话,女儿已死三年,怎能复生?命人吊打柳梦梅。正在柳梦梅奄奄一息时,朝廷来人,报柳梦梅得中状元。皇帝把杜丽娘传到宫中,在照妖镜前,杜丽娘现了人身,于是下旨让一家人相认,皆大欢喜。

《桃花扇》中"明末四公子"之一的侯方域来南京科举考试,与李香君相识,二人情定终身。侯方域送一把扇子给李香君,并在扇子上题诗一首,作为信物。魏忠贤余党阮大铖要加害侯方域,侯方域只好逃往扬州。阮大铖逼迫李香君另嫁他人,李香君不从,以死相拼,血溅定情扇。友人将扇面上的血痕点染成桃花图样,此扇被称为"桃花扇"。李香君托人将桃花扇带给侯方域,侯方域回南京见李香君,却被阮大铖逮捕入狱。清军渡江,直逼南京,南明小朝廷崩散,侯方域得以出狱,在白云庵遇到李香君,二人携手出家。

《西厢记》中书生张生在普救寺遇相国小姐崔莺莺,二人一见钟情,便私定终身,遭崔母坚决反对。这时,叛将孙飞虎率兵围了普救寺,要崔莺莺做自己的压寨夫人。崔莺莺不肯,崔母求张生解救,并许诺退兵之后,将崔莺莺许配给张生。张生通过好友白马将军的帮助,解了普救寺之危。崔母却自食其言,要把女儿嫁给郑恒。张生日思夜想,崔莺莺又不愿直面表达,以致张生思恋成疾。在红娘的帮助下,崔莺莺终于来到张生的住处与张生私会,被崔母发现。崔母责骂崔莺莺,红娘从中调解,崔母勉强答应了女儿的婚事,但要求张生必须进士及第,才能完婚。张生赴京赶考,得中状元。郑恒造谣说张生在京已经他娶,崔母要女儿嫁给郑恒。就在紧急时刻,张生从京城赶来,郑恒撞死,张生与莺莺终于完婚。

全是大团圆的结局,全是皆大欢喜。我们的戏剧都是喜剧。

反观莎士比亚的戏剧。《罗密欧与朱丽叶》中凯普莱特和蒙太古是一座城市的两大家族。这两大家族世仇深刻,水火不容。偏巧,蒙太古家族的小伙子罗密欧与凯普莱特家族的姑娘朱丽叶两厢情愿,在爱河中难以自拔。在神父的帮助下,二人结婚。没想到,在街上遇到了朱丽叶的堂兄提伯尔特。提伯尔特要与罗密欧决斗,罗密欧杀死了提伯尔特。罗密欧被逐出这座城市,并被统治者下令永远不得回到这座城市,否则就杀死他。罗密欧走后,朱丽叶的父亲就要把她嫁给帕里斯伯爵,并决定在星期四举行婚礼。朱丽叶求助神父,神父给了她一种药,告诉她这种药吃了以后,就跟死去一样,但42小时后就可苏醒。神父答应她,42小时后他会派人挖开墓穴,让她和罗密欧远走高飞。朱丽叶把药吃掉,等待着罗密欧。就在神父派遣的信使见到罗密欧之前,罗密欧得知了朱丽叶已死的错误消息。罗密欧怒不可遏,半夜赶回来,在朱丽叶的墓旁杀死了帕里斯伯爵,然后挖开墓穴,亲吻了朱丽叶后,掏出毒药喝下去,死在了朱丽叶的身旁。这时,朱丽叶苏醒过来,眼见罗密欧死在自己的身旁,她拿起罗密欧刺死帕里斯伯爵的剑刺向自己,倒在罗密欧的身上死去。两家的父母后悔不已,从此消除了积怨,为两个孩子在城中塑造了两座金像。

西方人把这叫作"悲剧"。悲剧把最美、最纯洁、最神圣的东西毁灭给人看,成为戏剧的最高形式。悲剧也成为西方的精神元素和生命意识,它推动着人们向上、向天,追求崇高与神圣。

悲剧的结局是破裂,是毁灭,而我们的戏剧的结局是团圆,是重生。悲剧给人以超世俗的精神升华,我们的戏剧给人以世俗化的心理满足。我们只有喜剧,没有悲剧。西方的精神结构是方的,有棱有角,中国的精神结构是圆的,光滑圆润。

我们的民族就没有悲剧意识吗？王国维在寻找。

有了！《红楼梦》。

《红楼梦》一书，与一切喜剧相反，彻头彻尾之悲剧也。……除主人公不计外，凡此书中之人，有与生活之欲相关系者，无不与苦痛相始终。……又吾国之文学，以挟乐天的精神故，故往往说诗歌的正义，善人必令其终，而恶人必离其罚，此亦吾国戏剧小说之特质也。《红楼梦》则不然。（《红楼梦评论》）

《红楼梦》中的宝玉与黛玉，缠绵悱恻，男痴女怨，最终有情人不能成眷属。曹雪芹不落中国戏剧的窠臼，没有让宝黛团圆，而是让黛玉死去，宝玉出家，堪比《罗密欧与朱丽叶》，是典型的中国式悲剧。《红楼梦》为中国精神植入了悲剧元素，把中国戏剧推向了可与世界顶级悲剧比肩的高度，王国维因此而兴奋不已。

再仔细研究，王国维得出结论：

故《桃花扇》，政治的也，国民的也，历史的也；《红楼梦》，哲学的也，宇宙的也，人生的也。此《红楼梦》之所以大背于吾国人之精神，而其价值亦即存乎此。彼《南桃花扇》《红楼复梦》等，正代表吾国人乐天之精神也。（《红楼梦评论》）

《红楼梦》"大背于吾国人之精神"，就是让国人在"乐天精神"之上,有了悲剧精神。与政治的、国民的、历史的比,哲学的、宇宙的、人生的,格局更大、层次更高。《红楼梦》的"满纸荒唐言",让世界"落了片白茫茫大地真干净",真是"悲剧中之悲剧",没有比它更悲的悲剧了。这悲剧,让王国维尽情享受了快感。

让悲剧意识进入精神畛域,王国维崇尚毁灭的力量和价值。

四

上帝是悲悯的,佛祖是虚空的,王国维用悲悯与虚空的目光俯瞰人间。

高城鼓动兰釭灺,睡也还醒,醉也还醒,忽听孤鸿三两声。
人生只似风前絮,欢也零星,悲也零星,都作连江点点萍。
(《采桑子·高城鼓动兰釭灺》)

城头的晨钟响起,唤醒了梦中人,油灯早已熄灭。睡了要醒,醉了也要醒。睡了,浸在梦中;醒了,闻鸿雁几声悲鸣。人生犹如风中的飘絮,无论悲欢,都不过是江中零落的浮萍。

月色中,树杈上的几只乌鸦看上去和树叶一样,霜寒中独自凭栏远眺。苦寻诗句,捻断数茎须,吟不安那几个字,不觉间,人消瘦,衣带宽,这是为哪般?

姑苏台上,乌鸦悲啼,曾经的霸业去哪里了?真娘墓前,野花盛开,绝代美女已化作点点露水。就算是辉煌无比,也不过是供后人吟咏一番,最终埋进孤坟,在坟里与寒蝉为伴。

王国维满眼人间事,一怀人间情,哲学的、宇宙的、人生的,全在他的"人间"里:

人间何苦又悲秋,正是伤春罢。(《好事近·夜起倚危楼》)

最是人间留不住,朱颜辞镜花辞树。(《蝶恋花·阅尽天涯离别苦》)

人间事事不堪凭,但除却、无凭两字。(《鹊桥仙·沉沉戍鼓》)

依旧人间,一梦钧天只惘然。(《减字木兰花·皋兰被径》)

蜡泪窗前堆一寸,人间只有相思分。(《蝶恋花·昨夜梦中多少恨》)

思量只有人间,年年征路,纵有恨、都无啼处。(《祝英台近·月初残》)

人间孤愤最难平,消得几回潮落又潮生。(《虞美人·杜鹃千里啼春晚》

……

高频次的"人间",凝成了王国维的《人间词》。怀古、伤春、悲秋、观潮、赏花、夜思、眷恋、忧愤……王国维把所有这些都提升到"人间"的高度。在他的胸中,事被放大了,人被放大了,天地被放大了。胸中沟壑,掌上人间。在尘世中,王国维一介布衣;在《人间词》中,王国维俨如上帝。

世代交替,中西碰撞,中国处于三千年未有之大变局中。王国维身处其中,远离其中,修行其中,用"独行"构筑着自己的精神巢穴。

五

皇恩浩荡。1923年春,溥仪下诏,请王国维进紫禁城,任南书房行走。南书房行走,只有进士才有资格。溥仪这是对王国维的"破格提拔"。

脱下布衣,穿上朝服,王国维成了"帝王师"。

紫禁城富丽堂皇、宏伟气派。在这里,人显得那么渺小。一座座殿堂,犹如扣在头顶的巨冠,压得人喘不过气来。

这里是整个社会的顶端,是中国大地的神经中枢,是中国政治、文化的核心部位。这里是百姓的天,这里离百姓最近也最远。中国几千年的思想都在装扮它、捍卫它,它是仕子的最终目标,也是国人的精神支柱。

受溥仪"恩赐",王国维可以在紫禁城里骑马,得此殊荣,是皇帝对王国维学问、人品的肯定与赞赏。

王国维骑着马在紫禁城游走,尽览紫禁城的风貌。紫禁城大矣哉!雄矣哉!何等威严,何等霸气!若非伟大之民族,何以有如此盖世皇宫?紫禁城更是被千年中国文化托起的,是中国文化的精华。王国维为中华民族骄傲,为中国文化骄傲。

王国维骑着马在紫禁城游走,走着走着,心里便有了不安、不祥的感觉。脚下的石板路,不少地方已经破损,坑坑洼洼的,骑在马上,颠颠簸簸,很不安稳;红墙上的墙皮,不少地方已经剥落,露出了灰黄的底色,仿佛华丽的外衣露出了破洞,很不雅观;身穿黄袍马褂的侍卫们低头耷耳,心事重重,满脸忧郁。

紫禁城在衰落,斜阳夕照,满地落叶,无人洒扫,任由他去。

紫禁城外,风起云涌,潮涨潮落。风雨在扑向紫禁城,潮水在拍打紫禁城。

紫禁城在摇撼。

终于,紫禁城的大门被冲开了!皇冠落地,王朝崩塌。

王国维脱下朝服,换上长衫,最后看一眼紫禁城,转身离去。

他来到了清华大学,当起了教书先生。

这里,有长袍马褂,也有西服革履;这里,有秦始皇、汉武帝、成吉思汗,也有凯撒、拿破仑、华盛顿;这里,有老子、孔子、墨子、荀子,也有伏尔泰、孟德斯鸠、卢梭、狄德罗;这里,有李白、杜甫、苏轼,也有莎士比亚、歌德、雨果;这里,有张衡的地动仪,也有伽利略的望远镜;这里,有《九章算术》,也有微积分;这里,有二十四节气,也有哥白尼的"日心说";这里,有中医号脉,也有人体解剖……这里是中西对垒之地,也是中西交融之地。

王国维穿着他的长袍马褂,讲他的《古史新证》《说文解字》《尚书》,破译他的甲骨文,校勘他的《水经注》。

他牢守着自己的文化堡垒。

1927年6月2日,一切如常,大地照常醒来,太阳按时升起。

王国维照常来到学校。

他认真批改完研究生试卷,又仔细向办公室人员交代了下学期的招生工作,然后雇了一辆人力车,来到颐和园。

昆明湖,水平如镜。湖面上映着王国维的身影,清癯、沉静。他静静地吸完一支烟,站起来,纵身跳进湖里。

他留下了一份遗书:"五十之年,只欠一死。经此世变,义无再辱。"

辱?什么辱?王国维没有说。有人说,溥仪诏他直入南书房行走,对他有知遇之恩,他见溥仪被逐,大清亡国,作为节臣,为大清而死。有人说,他是和友人闹矛盾,怄气而死。还有人说,在西学东渐中,他不忍看中学渐衰而死。

都是猜测。

但,辱必是有的。不管是什么辱,王国维都不能接受。与其受辱,不如去死。

叔本华说:"一个人在这世上享有的最为无可争议的权利就是对自己生命与肉体的处置权。"(《人生的智慧》)

士可杀而不可辱。当生命受辱的时候,王国维行使了对自己生命的处置权:死。

只有知道了书的结尾,才会明白书的开头。

只有知道了人怎么死去,才会明白人怎么活着。

王国维死了,留下了一个鲜活的生命。

上 医 医 心

什么是路?

就是从没路的地方践踏出来的,从只有荆棘的地方开辟出来的。

——《热风·生命的路》

一

鲁迅,本名周树人,浙江绍兴人,生于1881年9月25日。

鲁迅幼年时,家道中落。13岁时,父亲生了水肿病。家里人请了中医,先是请了一名名叫叶天士的,开了不少的药方,总不见效,便换了另一个医术更高的中医,叫陈莲河。陈莲河是本地中医的翘楚,很神通。陈莲河开的药方与叶天士的不同,药方上总有一些特别的丸散和特殊的药引。他开的药方里有"蟋蟀一对,要原配"。也就是说,不是"原配",即使是"夫妻"也不行。这还算好办,鲁迅只在自家园子里就可以捉不少蟋蟀。难的是,药方里还有"平地木十株",这是什么东西?大家都不清楚。打听到最后,才有人说,是生在山中大树下的一种小树,能结红子如小珊瑚珠的。鲁迅便又跑到山里去找,终于找到了。但药方里还有一种药引,叫"败鼓皮丸",是用打破的旧鼓皮做成的。水肿病,也叫"鼓胀",用破鼓皮来治,自然就可以击败"鼓胀"。原配蟋蟀有了,平地木十株有了,败鼓皮丸也有了,但父亲的病依然不见好。于是,陈莲河又说:"我有一种丹,点在舌上,一定可以见效,因为舌乃心之灵苗……"这是要从治"身"改为治"心"了。陈莲河接着说:"我这样用药还会不大见效,我想是不是可以请人看一看,是不是有冤鬼作祟,要你偿债索命啊?我们当医生的,只能医病,不能医命。你这病,弄不好是前世的事。"都几千年过去了,怎么轩辕时期的巫医也来了呢?中医是不行了,求西医吧,西医说得好:"可医的应该给他医治,医治不了的应该让他死得没有痛苦。"这才是正理啊!可惜,本城没有西医。于是,父亲就在中医的折腾下死去了。

看着父亲的死,鲁迅决意去学医,而且是学西医。既然中医治不了病,那就学西医。

鲁迅来到了日本,进了一所医学专科学校。

这里讲的是西医。西医是要解剖人体的。

亚里士多德认为人的体内充满了空气,人通过鼻孔呼吸,就是证明。由于亚里士多德被看作是仅次于神的人物,因此,他的这一说法,没人怀疑。几百年后,罗马医学家盖伦开始怀疑这一说法,提出人体内不是空气而是血液,血液从肝脏出发,像江河一样奔涌。由于盖伦是名医,谁也不怀疑这一说法。一千年后,英国医生哈维用实验证明,人的血液是从心脏中来的,并且是循环的,从此人体的秘密被揭开了。

鲁迅拿起了解剖刀,剖开了人体,心、肝、脾、肺、胃……五脏六腑,尽在眼前,看得清清楚楚。中医的号脉与之相比,无异于盲人摸象。哪里有什么治"心"之丹,哪里有什么偿债索命的冤鬼,哪里用得着什么原配蟋蟀、平地木十株、败鼓皮丸？"和现所知道的比较起来,便渐渐地悟得中医不过是一种有意无意的骗子。"(《呐喊·自序》)

西医是不骗人的、有效的。鲁迅决意做一名西医,平时治病救人,战时做一名军医,救治伤员。

微生物课多是用电影来展示微生物的形状的。一次老师讲课,讲完了,还剩了一些时间,于是就放战争片打发时间。这是一部日俄战争片。只见电影上,一个中国人被绑着,要被日本人杀头,因为他是俄国侦探。旁边站了一群身强力壮的中国人在看热闹,各个脸上都是麻木的神情。

鲁迅的心被刺痛了。精神愚弱的国民,再健壮,也不过是被人砍头示众的材料或看客。作为医生,救治的人成为被砍头的材料,何等悲哀！上医医心,在中国,最迫切的不是强健身体,而是强健精神,是不被人砍头。这就需要唤起大众,疗救大众的精神,让中国人不再成为他人刀俎上的肉。

鲁迅把目光投向了中国人的精神"病体"。

二

北京街头,衣衫褴褛、面黄肌瘦的,西服革履、大腹便便的,穿旗袍、露大腿的,抽洋烟、喝醉酒的,拉洋车的,坐轿车的,三教九流,五光十色。熙熙攘攘的,倒也安静；挤挤插插的,倒也规矩。

忽然，一阵叫喊声。只见两个美国大兵拳打脚踢一个中国的车夫，旁边的中国巡警也被打倒在地，车夫跪在地上磕头，巡警抱着脑袋求饶。几十个中国人围在一边看热闹，很快便上来百十个中国人，同样是看热闹。两个美国兵打完了便走。这群中国人便跟在他们后面不住地喊："打！打！宣战！宣战！"只是喊，并不往上冲。美国兵大摇大摆地走，走到东交民巷口了，回头笑着对这群中国人说："来呀，来呀！"这群中国人停下来，不喊"打"，也不喊"宣战"，呼啦一下，作鸟兽散了。美国大兵又笑了："不是说打吗？不是说宣战、宣战吗？哈哈！"

回想扬州屠城，三个清兵，就可以驱赶五六十个汉人，一个清兵提刀在前面引路，一个清兵横槊在后驱逐，一个清兵居中，在队伍的左右看管着，防止逃跑。这三个清兵就能用长矛把这五六十人一个一个地刺死而不遭到反抗。若反抗一下呢？这五六十人足以把这三个清兵制服。但是，没有人反抗，谁都知道第一个反抗的，必会死，谁也不愿意第一个死，结果是最后都死了。几十个、几百个、几千个、几十万个汉人，就这样"引颈任宰"，做了清兵的俎上肉！扬州城尸横遍野、血流成河。再往前想吧，中国的土地上，蛮夷一次次地来过、杀过。猃狁来了，汉人屈膝投降；五胡来了，汉人屈膝投降；蒙古人来了，汉人屈膝投降。张献忠那么厉害，杀人如麻，但清兵一来，就躲到树丛里，被清兵一箭射死了。大鼻子、黄头发、蓝眼睛的洋人来了，中国人就屈膝投降，签了一个又一个丧权辱国的条约。外寇来了，认外寇为主子；内寇来了，认内寇为主子。谁来都行，我都跪伏。要打吗？

来，我把脸给你；要杀吗？来，我把头给你。杀别人，我做看客；杀我，别人做看客。这其中，有一个叫"阿Q"的，稀里糊涂地被人押赴刑场，要在死刑判决书上签字，却不会写字，只得让他画个圆圈。阿Q便拿起笔来认真地画圆圈，画了半天也没有画圆，画成了瓜子的样子。阿Q为此感到羞愧不已，留下了终身遗憾。

唉，这就是中国人，鲁迅一声叹。

中国人向来就没有争到过"人"的价格，至多不过是奴隶，到现在还如此，然而下于奴隶的时候，却是数见不鲜的。中国的百姓是中立的，战时连自己也不知道属于哪一面，但又属于无论哪一面。强盗来了，就属于官，当然该被杀掠；官兵既到，该是自家人了罢，但仍然要被杀掠，仿佛又属于强盗似的。百姓就希望有一个一定的主子，拿他们去做百姓，——不敢，是拿他们去做牛马，情愿自己寻草吃，只求他决定他们要怎样跑。(《坟·灯下漫笔》)

北京大学忽然闹起来。一大群学生在红楼前示威请愿，闹得满城风雨。原来，北大忽然改变以前的做法，给学生的讲义要收费了。学生对此不满，便闹起来，要求立即停止收费。校方不让步，学生不后退，僵持起来。最后，在各方协调下，校方终于答应了学生的要求，不再收费了。但是，把领头的学生冯省三开除了。北大又恢复了往日的宁静，一切如常，一切都好像没有发生似的。学生们又坐在了安静的书桌前，享受着免费的讲义。他们把冯省三忘得一干二净,好像从来就没有这个人似的。冯省三不但拿不到免费讲义,且连学也上不了了。没人为他奔走呼号,他默默地去了。留下的,是一群从中得利的看客。

北京菜市口,六个人即将人头落地。他们是戊戌变法"六君子"。他们为民请命、以身许国。其中的谭嗣同,本来是可以逃亡海外保全性命的,但是,他选择留了下来。他说:"各国变法,无不从流血而成,今中国未闻有因变法而流血者,此国之所以不昌也,有之,请自谭嗣同始!"他要用自己的血唤醒民众。但是,民众并没有被唤醒。围观的民众静静地看着他被刽子手砍了30多刀,听着他大喊:"死何所惧!"他死了,周围是一圈看客。

日本人杀中国人,围观的是一群中国的看客;中国人杀中国人,围观的还是一群中国的看客。

中国人何时能不是看客呢?

鲁迅去香港,随身带了十几箱书。刚一落地,两个穿着深绿色制服的海关人员便来查关。在广州查关时,中国的海关人员,很客气的,查完以后,把箱子里的东西放回原处,毫不凌乱。但是,在这"英人的乐园"香港,查关的人虽然是中国人,但身份、地位不同了,他们的背后是英国人,他们的主子是英国人,那做派就完全是另外的样子了。他们把箱子翻得乱七八糟,书、衣服、日用品抖落了一地,简直是故意毁坏!做了英国人的雇员,竟如此蛮横!如同大户人家的狗,见了谁都趾高气扬的样子。给白人做奴才,在自己的同胞面前,竟如此飞扬跋扈,这是什么国民性啊?仔细想,他们这样做,也是做给白人主子看的,表示自己的尽职尽责,希求得到主子的奖赏。再仔细想,几千年来,中国人不都是如此吗?"宰相门前七品官","打狗看主人",不就是说的这个吗?这两个查关的,他们的所作所为不过是中国文化在香港的显现罢了。

中国的文化,都是侍奉主子的文化,是用很多的人的痛苦换来的。无论中国人,外国人,凡是称赞中国文化的,都只是以主子自居的一部分。(《集外集拾遗·老调子已经唱完》)

这样的中国文化是从哪里来的呢?

三

鲁迅从箱子里翻出一堆古书,《尚书》《周易》《论语》《庄子》《国语》《左传》《公羊传》《谷梁传》《孝经》《大学》《中庸》《礼记》《老子》《荀子》《资治通鉴》……书已发黄,有的被虫蛀了,留了许多窟窿,还散着一股霉腐味。这些,就是中国读书人的"必读书""圣贤书",是用来教化中国人的。这些书道貌岸然,一副"经典"的模样,其实不过是一堆"砖头"——读书人用来叩开仕途大门的"敲门砖"。几千年来,读书人摇头晃脑地读着这些书,头悬梁、锥刺股、皓首穷经,走进科举的考场,作起"破题、承题、起讲、入题、起股、中股、后股、束股"的八股文,意不离四书五经,文须押韵对仗,待到科举及第,便把这"敲门砖"扔在一边,谁还能想到什么"精神教化"。

这些书构成了一个文化系统,名曰"儒学",儒学的创立者名叫孔子。孔子有一个大得吓人的名号,叫"大成至圣文宣王",具有"独尊"的地位,被人奉为"万世师表"。虽如此,和后来进入中国的释迦牟尼比,这"万世师表"却显得有些落寞。百姓和佛亲,和孔子不亲。百姓总是到佛寺烧香磕头,乞求佛祖保佑,却很少到孔子的文庙去祭拜。这是为什么呢?因为孔子的学问是治百姓的,而不是护佑百姓的。孔子讲"劳心者治人,劳力者治于人",礼不下庶人,是为当权的人着想。佛祖讲"普度众生",慈悲为怀,是为众生着想。

儒学的内核是"仁",仁就是二人之间的关系、人与人之间的关系,也就是君与臣、父与子、夫与妻的关系。怎么摆布这些关系呢?就要"君为臣纲,父为子纲、夫为妻纲"。臣不以君为纲,就是乱臣贼子;子不以父为纲,就是不孝逆子;妻不以夫为纲,就是贱人荡妇。臣以君为纲,就是要忠。晋文王重耳为躲避追杀,逃到深山,饿得快昏过去了。随行的忠臣介子推,便从自己的大腿上割下一块肉,拌了野菜,烧了一锅肉汤,给晋文王吃。子以父为纲,就是要孝。父亲活着,要让父亲吃得好、穿得好、用得好,父亲死后,要披麻戴孝、举行葬礼,还要守孝三年,这三年是不能沾荤腥的。父丧,子若在朝中做官,也要辞官,回来守孝三年,这叫"丁忧"。丁忧期间,或许误了升迁的机会,或许误了公务,也在所不惜。妻以夫为纲,就是要贤。贤就是服顺、伺候,要让夫饭来张口、衣来伸手,如同供佛。君对臣是可以贬谪、可以赐死的,商鞅被车裂,司马迁被腐刑,岳飞被杀头;父对子是可以打、可以骂的；夫对妻是可以娶、可以休的。

儒学是教人做人的"法典"。非礼勿视，非礼勿听，非礼勿言，非礼勿动。儒学对女子有特殊要求。男人可以三妻四妾，而女人必须"从一而终"。在古代，男人死了，女人要殉葬，在阴间继续伺候男人。时代往前走，女子不必为男人殉葬了，却要守贞洁。男人死了，女人要"不事二夫"；遭人强暴了，女人要自尽，因为"饿死事小，失节事大"。中国的女子用自己的行动书写了一部《列女传》，感天动地，名标青史。在儒学的价值结构中，女子是一个独特的组成部分，"贞节烈女"堪称儒学的"杰作"。

鲁迅看着眼前的这堆发黄的破书，满纸都是"仁义道德"，看到半夜，在字缝里忽然发现两个字："吃人！"

儒学是吃人的！

再看眼前的这堆书，竟成了一桌"吃人的筵席"。

四

国难当头，抵制洋货、力买国货，就成了爱国的标志。谁买国货，谁就是爱国；谁买洋货，谁就是卖国贼。为此，上海还专门建了"国货城"。但国货总是行情不佳，敌不过洋货，过不多久，"国货城"的城门就关闭了，接着城墙也撤掉了。

报纸上忽然登了篇文章，是训斥中学生的，说中学生只用钢笔和墨水，不用毛笔（自然也就不用砚台磨墨）了，这样就使中国的毛笔和墨没有出路了，长此以往，中国的"文房四宝"怕要失传，中学生要为此负责的！摩登女性用外国的脂粉和香水，就重创了中国产的化妆品,很遭人唾骂的。

鲁迅笑了。"反思"一下自己,不也是喜欢用钢笔吗? 先前在私塾里学四书五经的时候,用的是毛笔;后来到了城里,就多用钢笔,及至去日本留学,就把毛笔干脆扔到一边去了。为什么? 就因为毛笔写字太慢,在课堂上做笔记,毛笔是记不过来的,只能用钢笔。就算是用毛笔,不用磨墨,改用墨盒,省去临时磨墨的麻烦,但很快,墨盒里的墨汁也会把毛笔胶住,写不了字,还得自带笔洗,很麻烦。一比较,还是钢笔好用,不用磨墨,不用洗笔,灌上一管墨水,只管写就是了。钢笔,这西方文明的物件,其"先进性"是谁都体会得到的。不要担心用钢笔就是不爱国,我们只须用钢笔写中国字、写中国精神就是了。

说到中国精神,也是让人忧虑。自古以来,中国人不就说"志士仁人,无求生以害仁,有杀身以成仁"吗? 春秋战国时期,不就有那么多杀身成仁的勇毅之士吗? 怎么到了近代,几千洋人拿着洋枪洋炮就能横扫中华大地,直捣龙庭呢?

中国的精神文明,早就被枪炮打败了,经过了许多经验,已经证明所有的还是一无所有……

大概,人必须从此有记性,观四向而听八方,将先前一切自欺欺人的希望之谈全都扫除,将无论是谁的自欺欺人的假面全都撕掉,将无论是谁的自欺欺人的手段全都排斥,总而言之,就是将华夏传统的所有小巧的玩艺儿全都放掉,倒去屈尊学学枪击我们的洋鬼子,这才可望有新的希望的萌芽。(《华盖集·忽

然想到》)

中药不见效,不妨吃西药试试;中医治不了的病,不妨用西医试试。这就叫"拿来主义"。

没有拿来的,人不能自成为新人,没有拿来的,文艺不能自成为新文艺。(《且介亭杂文·拿来主义》)

要"拿来",就应当多看外国书,少看或者不看中国书。因为,读中国的书,只知道四方大地的事,但一到圆形的地球,就什么都不知道了。

我们此后实在只有两条路:一是抱着古文而死掉,一是舍掉古文而生存。(《三闲集·无声的中国》)

可惜的是,中国人的精神中似乎有排外基因,生怕吃牛肉会变成牛,对"拿来"是很不放心、很不情愿的。光绪五年,李鸿章建议在唐山修建铁路以便运煤,光绪同意了,却遭到皇亲国戚的反对,说在此动土施工,会破坏国家风水,惊扰皇陵,此计划被迫搁浅了。李鸿章深知铁路对国家的重要性,退后一步,提议修建一条短途铁路,慈禧批准了。于是中国第一条铁路"唐胥铁路"诞生了,第一台机车被命名为"龙号"。它装得多,跑得快,速度、效率惊人。多好的东西啊!但是它的样子却吓坏了大清国的臣民,这个庞然大物是什么怪物？就这么大摇大摆地呼啸着在"龙脉"上疯跑,岂不是不祥之物？百姓喊叫着要把它赶跑。朝廷下令,为了保证皇陵的祥和,不许蒸汽机牵引火车,而改为骡马牵引。于是,中国的铁路上,骡马拉着火车滑行,成为世界奇观。民国初年,北京邮局门口的匾额上写的是"邮政局"。这个邮政局的"政"字不知刺痛了谁的神经,以为这个"政"字有干涉中国内政的意味,便把"邮政局"改为"邮务局"了。

这样的中国还有救吗？

五

中国是有救的。

我们目下的当务之急,是：一要生存,二要温饱,三要发展。苟有阻碍这前途者,无论是古是今,是人是鬼,是《三坟》《五典》,百宋千元,天球河图,金人玉佛,祖传丸散,秘制膏丸,全都踏倒他。(《华盖集·忽然想到》)

是的,不要抱着这些"国粹"讨生活了。

我有一位朋友说得好："要我们保存国粹,也须国粹能保存我们。"(《热风·随感录三十五》)

不是我们不想保存国粹,实在是因为这国粹保存不了我们。

四书五经,能敌得过洋人的坚船利炮吗？我们只能走自己的路了。

其实地上本没有路,走的人多了,也便成了路。(《故乡》)

路,一要走,二要人多。
走,就是要活下去。

世上如果还有真要活下去的人们,就先该敢说,敢笑,敢哭,敢怒,敢骂,敢打,在这可诅咒的地方击退了可诅咒的时代!(《华盖集·忽然想到》)

要做到这些"敢",不是易事,因为,弄不好是要惹出祸端,甚至被杀头的。文字狱殷鉴不远,岂可忘乎？于是,为了躲避,读书人钻进故纸堆去"修身",学着韩愈、苏轼,吟哦古文,填词作赋,不发出一点反抗的声音,顶多能够"齐家",而"治国""平天下"是想都不去想了。

真的猛士,敢于直面惨淡的人生,敢于正视淋漓的鲜血。(《华盖集续编·记念刘和珍君》)

鲁迅用生命去"敢"了,他把手中的笔变作了匕首、投枪,刺向了黑暗。

《狂人日记》,他让人们掀翻吃人的宴席;

《阿Q正传》,他让人们认识了国人的丑陋;

《坟》,他让人们更好地活着;

《热风》,他让人们在燥热中感受一股寒冽的冷气;

《南腔北调集》,他让人们看到嬉笑怒骂中的文章;

《伪自由书》,他让人们揭开虚假的面具;

《二心集》,他让人们开始全新的思考;

《三闲集》,他让人们不要做麻木的看客;

《华盖集》,他让人们认清"正人君子"的嘴脸;

《而已集》,他让人们听到一声"社会良心"的长叹;

《准风月谈》,他让人们懂得了什么是韧性的战斗;

《花边文学》,他让人们感受暴风雨摧折后"剩下来"的骨气;

《且介亭杂文》,他让人们注目深夜街头的点点灯光;

《集外集》,他让人们不避过往,砥砺前行;

《呐喊》,他让人们从千年昏睡中醒来;

……

哪里有他的文字,哪里就有阳光。

他的心向着光明,目光却投向黑暗。

1936年10月19日,鲁迅的心脏停止了跳动。

鲁迅死了,留下了一颗"民族魂"。

图书在版编目(CIP)数据

中国气脉/任火著. —上海:复旦大学出版社,2020.7
ISBN 978-7-309-14919-7

Ⅰ.①中… Ⅱ.①任… Ⅲ.①文化-名人-生平事迹-中国 Ⅳ.①K825.4

中国版本图书馆 CIP 数据核字(2020)第 037733 号

中国气脉
任 火 著
责任编辑/宋文涛 高 原

复旦大学出版社有限公司出版发行
上海市国权路 579 号 邮编:200433
网址:fupnet@fudanpress.com　http://www.fudanpress.com
门市零售:86-21-65102580　团体订购:86-21-65104505
外埠邮购:86-21-65642846　出版部电话:86-21-65642845
上海四维数字图文有限公司

开本 890×1240　1/32　印张 9　字数 178 千
2020 年 7 月第 1 版第 1 次印刷
印数 1—4 100

ISBN 978-7-309-14919-7/K·720
定价:36.00 元

如有印装质量问题,请向复旦大学出版社有限公司出版部调换。
版权所有　侵权必究